톨스토이 연구

- 삶과 죽음, 죄와 용서에 관한 이야기 -

박선진 저

도서출판 부귀영화, 2025

머리말

세계 문학사에서 톨스토이가 차지하는 위치는 확고부동하다. 그러나 이러한 문학사적 위상이 현대 독자들의 선호도와 일치하는가? 특히 젊은 세대가 이 거장을 '읽고 싶은' 작가로 인식하고 있는가? 인간 존재의 본질부터 사회, 도덕, 종교에 이르기까지 톨스토이의 저술이 다루지 않은 영역은 거의 없다. 그런데도 젊은 독자들이 이 대문호에 대해 갖는 선입견에는 '흥미로움'보다 '고리타분함'의 비중이 더 클지도 모른다.

실제로 서점이나 도서관의 톨스토이 서가 앞에 머무는 젊은이를 목격하기란 쉽지 않다. 러시아문학에 특별한 관심을 가진 독자가 아니라면, 톨스토이는 교훈적 메시지를 일방적으로 전달하는 권위적 작가로 인식되기 쉽다. 백작 가문 출신의 이 '금수저' 작가는 16세 연하의 아름다운 여성과 결혼하여 다수의 자녀를 낳았으며, 평균 수명이 40세 남짓이던 시대에 82세까지 장수를 누렸다. 마치 부와 명성이 그를 따라다닌 듯한 호사스러운 인생을 살아온 것처럼 보인다.

그러나 다음의 사실들은 톨스토이를 향한 부러움을 즉시 연민으로 전환시킬 것이다. 그는 2세에 어머니를, 9세에 아버지를, 10세에 할머니를 잃었다. 13세에는 후견인이었던 고모마저 세상을 떠났다. 서른 이후로는 형제들의 죽음을 연이어 겪었고, 45세 이후 임종에 이르기까지 13명의 자녀 중 6명을 먼저 보내야 했다. 이 중 5명은 7세 이전에 요절했다.

죽음은 끊임없이 톨스토이의 곁을 맴돌았다. 넘어져 다쳤을 때 달려와 품에 안아줄 어머니의 존재는 그의 기억 속 어느 순간에도 존재하지 않았다. 자녀들의 탄생과 성장으로 치유되던 상처는 그들과의 이별로 더욱 깊어져만 갔다. 가장 부유하고 명성이 절정에 달했던 바로 그 시기에, 톨스토이는 자살의 유혹으로부터 자신을 지켜내기 위해 끊임없이 분투해야 했다.

톨스토이의 위대함은 인류에게 남긴 문학적·사상적 유산에서 비롯되지만, 보다 본질적으로는 인생을 어떻게 살아가야 하는지에 대한 실존적 모범을 제시했기 때문이다. 그는 불행과 절망, 상처라는 재료로 자기 파괴의 도구를 만든 것이 아니라, 자신과 인류를 구원할 위대한 작품을 창조해 나갔다. 죽음을 향한 충동과 맞서며 글을 써가는 과정에서, 그는 오히려 죽음으로부터 멀어져갔다.

인간에 대한 사랑을 문학으로 승화시켜 전 인류에게 구원의 메시지를 전한 톨스토이. 이제 이 인본주의적 거장의 삶과 작품 세계를 함께 탐구해 보자.

어느 새벽 영암관에서

차 례

머리말..3

제1장 톨스토이의 생애와 시대적 배경......................9

1. 러시아 제정 시대의 역사적, 사회적 맥락
2. 가문과 유년기(1828-1847)
3. 카잔 대학교와 청년기(1847-1851)
4. 군 생활과 캅카스 체험(1851-1856)
5. 유럽 여행과 야스나야 폴랴나로의 귀환(1857-1862)
6. 대작의 시대: 『전쟁과 평화』와 『안나 카레니나』(1863-1877)
7. 정신적 위기와 종교적 전환(1877-1883)
8. 후기 작품과 사회적 활동(1883-1910)
9. 마지막 나날과 유산(1910-)

제2장 『전쟁과 평화』: 창작 배경과 현대적 의의...............51

1. 창작 배경과 의의
2. 주요 인물과 주제 분석
3. 서사 기법과 스타일
4. 주요 장면 분석
5. 작품의 역사적, 문학적 수용과 영향

제3장 『안나 카레니나』: 인간 영혼의 심연과 러시아 사회의 초상.........67

    1. 창작 배경과 의의
    2. 작품의 구조와 주제
    3. 주요 인물 분석
    4. 주요 장면 분석
    5. 예술적 기법과 상징
    6. 수용과 영향

제4장 종교적 전환과 후기 사상..105

    1. 영적 위기와 종교적 전환
    2. 종교 철학
    3. 사회적 실천과 도덕적 개혁
    4. 교회와의 갈등과 파문
    5. 사상의 영향
    6. 종교적 유산과 현대적 의의

제5장 후기 창작과 세계적 영향..145

    1. 후기 작품 분석
    2. 예술관 변화
    3. 세계문학에 미친 영향
    4. 사상의 계승과 변형
    5. 영원한 현대인

톨스토이 연보......187

참고문헌......193

제1장 톨스토이의 생애와 시대적 배경

1. 러시아 제정 시대의 역사적, 사회적 맥락

1.1 19세기 러시아 역사의 개관

19세기 러시아 제국의 모습은 극명한 대조가 만들어낸 장엄한 서사시를 떠올리게 한다. 제국의 화려한 궁전에서 펼쳐지는 귀족들의 성대한 연회가 밤하늘을 수놓을 때, 그 찬란함과는 정반대편에서 무수한 농노들이 굴레에 매인 채 고통스러운 하루하루를 이어가고 있었다. 이토록 첨예한 계급적 대립과 내면적 분열이 깊어져 가는 가운데서도, 러시아의 문학과 예술 영역에서는 오히려 전례 없는 창조적 에너지가 분출되기 시작했다.

알렉산드르 1세가 약 25년간 통치하는 동안, 1812년 러시아 영토를 침범한 나폴레옹 군대를 격퇴시킨 찬란한 승전은 러시아인들의 정신에 강렬한 자부심과 용기를 불어넣어 주었다. 이러한 역사적 순간들은 훗날 성숙한 작가로 거듭난 톨스토이가 『전쟁과 평화』라는 불멸의 대작을 통해 재현해낼 소중한 영감의 원천이 되었다. 그러나 전장의 함성이 잦아들자, 황제는 점차 보수적인 정치 노선으로 돌아섰고, 변혁을 갈망했던 개혁 세력들의 기대는 서서히 좌절되어 갔다.

1828년 톨스토이가 세상의 빛을 보던 시기, 러시아는 니콜라이 1세의 억압적인 지배하에서 질식할 듯한 긴장감에 둘러싸여 있었다. 민주적인 정치 질서를 염원했던 데카브리스트들의 숭고한 반란이 잔혹하게 분쇄된 지 겨우 3년이 지난 때였다. 니콜라이 1세는 '전제군주제, 동방정교회, 민족성'이라는 3원칙을 토대로 한 통치 철학을 확립하면서, 전래의 가치관을 불가침의 영역으로 격상시켰다. 동시에 서구에서 유입되는 자유주의 이념을 국가 안보를 해치는 위험 요소로 간주하며 철저한 봉쇄 정책을 펼쳤다. 그럼에도 인간의 존재론적 자유에 대한 열망은 지하 강물처럼 조용히 흘러 러시아 지성인들의 마음을 촉촉하게 적시고 있었으며, 다만 권력 기구의 냉혹한 견제와 억압으로 인해 표면으로 드러날 기회를 얻지 못했을 따름이었다.

1.2 알렉산드르 2세 시대와 대개혁

알렉산드르 2세가 제국의 무거운 책임을 떠맡은 1855년부터 그의 비극적 최후를 맞은 1881년까지의 격변기 26년간은 기묘하게도 톨스토이의 예술적 재능이 가장 찬란하게 개화한 시절과 완벽히 일치한다. 크림 전쟁의 참담한 전장에서 겪은 굴욕적 패배가 러시아 제국의 심각한 후진성을 세계만방에 폭로한 후, 새로운 황제는 더는 미룰 수 없는 개혁의 험난한 여정에 나섰다. 특히 1861년에 공포된 농노해방법은 수 세기 동안 철옹성처럼 견고했던 사회 체제를 근간부터 전복시킨 역사적 전환점이었다. 그러나 공문서에 명시된 해방이라는 이념과 거리가 멀게, 농민들의 현실은 여전히 보이지 않는 족쇄와 끝나지 않는 궁핍의 늪 속에서 고뇌하고 있었다.

농노제의 붕괴와 함께 사법 개혁, 지방 행정제 시행, 군제 혁신, 교육체계의 전면적 재편이 연쇄적으로 전개되었다. 이러한 변혁의 기운은 러시아 사회 전반에 새로운 생명력과 희망을 주입했으며, 1860년대와 1870년대는 사회의식과 지적 열정이 마그마처럼 펄펄 끓어오르던 혁신의 연대였다. 하지만 개혁 정책들이 지닌 구조적 모순과 깊은 틈새들이 점차 표면화되면서, 도리어 더욱 급진적인 변화를 추구하는 움직임들이 자라날 배경을 형성하게 되었다.

1881년의 한 봄날, 알렉산드르 2세는 인민의지당 혁명가들이 던진 폭탄의 화염 속에서 생을 마감했고, 뒤를 이은 알렉산드르 3세와 니콜라이 2세의 치세에서 러시아는 다시금 옛 억압 체제로 되돌아가려는 시도를 드러냈다. 톨스토이가 말년에 펼쳐낸 사상적 탐구와 1910년 그의 마지막 여정은 바로 이런 반동의 흐름 속에서, 그리고 1905년 혁명의 징후와 1917년 거대한 변혁을 향해 질주하는 역사의 회오리 중심부에서 완성되었다.

1.3 러시아 귀족 사회와 농민 계층의 대비

19세기 러시아는 하나의 땅 위에 전혀 다른 두 우주가 공존하는 기이한 시공간이었다. 손에 꼽힐 정도로 소수였던 귀족 계층이 모든 영광과 재산을 독점했고, 그 발아래서 수많은 농민은 1861년 농노해방령 이후에도 여전히 가난의 굴레와 무지의 그늘에서 벗어나지 못한 채 하루하루를 견뎌내고 있었다. 야스나야 폴랴나의 백작가 후예로 태어나 모든 특권을 누릴 수 있었던 톨스토이는 화려한 저택을 뒤로하고 진흙투성이 시골길로 향했으며, 그곳에서 만난 평범한 사람들이 품고 있던 꾸밈없는 진정성과 대지가 가르쳐준 영원한 진리 앞에 겸허히 고개를 숙였다.

그 시절 페테르부르크와 모스크바의 살롱에서는 파리의 향수가 짙게 배어있었고, 젊은 백작과 공작들은 모국어보다 프랑스어로 대화하는 것을 더 자연스럽게 여겼으며, 이는 곧 그들이 속한 계층의 세련됨을 입증하는 징표처럼 여겨졌다. 톨스토이는 『전쟁과 평화』를 통해 이런 아이러니한 장면들을 생생하게 되살려냈다. 소설 서두에 펼쳐지는 안나 파블로브나의 응접실에서 오가는 프랑스어 대화들, 그리고 조국을 침략한 나폴레옹을 되레 흠모하던 젊은 러시아 장교들의 혼란스러운 정체성은 뿌리를 잃어버린 한 시대의 초상화였다.

유럽의 그림자를 쫓느라 정신없던 특권층의 삶과, 흙을 일구며 계절의 순환 속에서 묵묵히 살아가던 민중의 삶 사이에 놓인 이 깊은 심연은 톨스토이가 평생 천착했던 근본적인 물음이 되었다. 그는 거울과 향수로 가득한 무도회장의 헛된 광채 대신, 보리밭에서 땀 흘리며 일하는 농부들의 거친 손과 햇볕에 그을린 얼굴에서 인간다움의 본질을 발견했고, 이 깨우침은 한 예술가의 영혼을 완전히 다른 차원으로 이끌어 올리는 결정적인 계기가 되었다.

1.4 19세기 러시아문학과 사상의 흐름

19세기 러시아 제국의 문학계는 인류 역사상 보기 드문 창조적 역동성을 보여주었다. 푸시킨이 점화한 문학적 각성으로부터 출발하여 고골, 투르게네프, 도스토옙스키를 거쳐 체호프에 이르기까지, 이 위대한 계보는 마치 운명이 러시아 대지에 내린 특별한 축복처럼 천재들이 차례로 등장한 기적 같은 시대였다. 이들의 작품은 단순히 미학적 완성도를 추구하는 것을 넘어 사회의 가면을 벗겨내고 인간 의식의 가장 깊은 층위까지 파고드는 치열한 탐구였으며, 작가들은 문장 하나하나에 사회 개혁에 대한 염원과 존재의 근본적 질문들을 새겨넣었다.

러시아문학의 큰 흐름은 두 개의 주요한 줄기로 나누어졌는데, 1820년대부터 1840년까지를 휩쓸었던 낭만주의의 정열은 푸시킨과 레르몬토프라는 두 개의 찬란한 별을 통해 최고조에 달했고, 1840년대부터 부상하기 시작한 사실주의의 파도는 고골을 선봉으로 하여 투르게네프, 도스토옙스키, 톨스토이, 체호프로 연결되는 장대한 전통을 구축했다. 러시아 사실주의의 고유한 특성은 현실을 단순히 재현하는 것에 그치지 않고, 사회 체제에 대한 날카로운 분석과 인간 내면의 미묘한 움직임, 그리고 존재의 궁극적 본질에 대한 탐색이 하나의 유기적 전체를 이루었다는 점에 있었다.

1840년대에 들어서면서 러시아 지식인 사회는 격렬한 이념적 대결의 소용돌이에 휘말렸다. 서구파는 러시아가 유럽의 문명적 성취를 수용하여 근대화의 길을 택해야 한다고 주장했고, 슬라브파는 러시아 고유의 문화적 토대와 정교회 전통의 소중한 가치를 보존해야 한다고 맞섰다. 이러한 논쟁은 단순한 정치적 노선 차이를 초월하여 러시아의 정신적 정체성이 어디에 뿌리를 두고 있으며 어떤 방향으로 발전해야 하는지에 대한 실존적 질문을 포함하고 있었으며, 19세기 전반에 걸친 사상과 문학의 전개에 결정적인 영향을 미쳤다.

1860년대와 1870년대에 접어들자 허무주의, 민중주의, 혁명적 민주주의 등의 급진적 사조들이 러시아 사회를 강타했고, 투르게네프의 『아버지와 아들』이나 체르니솁스키의 『무엇을 할 것인가?』 같은 작품들이 이 역동적인 시대의 정신을 생생하게 포착해 냈다. 톨스토이 역시 젊은 시절에는 서구의 학문과 철학의 영향 아래 성장했으나, 세월이 흘러가면서 점진적으로 러시아 농민들의 진실한 일상과 그들이 체현하고 있는 순박한 영혼의 가치 속에서 삶의 참다운 지침을 찾아가는 쪽으로 자신의 사상적 지평을 근본적으로 전환시켜 나갔다.

2. 가문과 유년기(1828-1847)

2.1 톨스토이 가문의 역사와 사회적 지위

성씨 하나가 때로는 한 사람의 운명보다 무거운 짐이 되기도 한다. 톨스토이라는 성을 물려받은 소년 레프에게도 그랬다. 17세기부터 러시아 역사의 굵직한 순간들을 함께 호흡해온 이 가문은, 표트르 1세가 유럽의 빛을 러시아로 끌어들이던 시절부터 제국의 심장부에서 새로운 시대를 열어갔다. 1724년 표트르 안드레예비치 톨스토이가 백작 작위를 받으며 가문의 영광이 시작되었지만,

그들이 진정으로 추구한 것은 화려한 권세가 아니었다. 조국을 위한 봉사와 민중을 향한 따뜻한 시선이야말로 톨스토이 가문이 세대를 거쳐 전승한 가장 소중한 유산이었다.

조부 일리야 안드레예비치는 예카테리나 2세 통치기에 카잔 총독으로 봉직하며 계몽주의의 이상을 러시아 땅에 실현하고자 했다. 그의 너그럽고 쾌활한 성품은 때로 지나칠 정도로 관대하여 가문의 재산을 크게 줄어들게 했지만, 오히려 그 인간적인 따스함은 손자의 기억 속에 『전쟁과 평화』의 로스토프 백작으로 영원히 살아 숨 쉬게 되었다. 볼콘스키 가문을 통해 레프에게 전해진 야스나야 폴랴나는 당시 1,600헥타르에 이르는 광대한 영지였다. 이곳에서 삼백여 농민들이 대대로 삶을 일구며 살아가고 있었는데, 어린 톨스토이는 그들을 소유물이 아닌 삶의 스승으로 여겼다. 농민들의 소박한 지혜와 꾸밈없는 진실은 훗날 그의 펜끝에서 인류 보편의 진리로 거듭났다.

아버지 니콜라이 일리치가 보여준 조국애는 1812년 나폴레옹과의 전쟁에서 가장 뜨겁게 불타올랐다. 중령으로 복무하며 조국 수호에 앞장섰던 그는, 전장에서 목격한 인간의 용기와 연약함, 삶과 죽음이 교차하는 순간들을 아들에게 전해주었다. 이 생생한 증언들은 오랜 세월이 흐른 뒤 『전쟁과 평화』라는 대서사시 속에서 새로운 생명을 얻었다. 어머니 마리야 니콜라예브나는 13세기까지 거슬러 올라가는 고귀한 볼콘스키 공작 가문의 혈통이었다. 네 개 언어를 구사하며 문학적 재능을 지녔던 그녀는 레프가 겨우 두 살 때 세상을 떠났지만, 그녀가 남긴 섬세한 감수성과 이야기꾼의 재능은 아들의 영혼 깊은 곳에 씨앗처럼 심어졌다.

톨스토이 가문을 특별하게 만든 것은 특권을 누리면서도 그것에 안주하지 않았다는 점이다. 사치스러운 삶 대신 검박함을 선택했고, 겉치레보다 진실한 삶을 추구했다. 안락한 현재에 머물기보다 더 나은 세상을 꿈꾸는 열망이 그들의 혈관을 타고 흘렀다. 이런 이상주의는 고통받는 이웃에 대한 깊은 연민과 사회 정의를 향한 갈망으로 표출되었다. 바로 이러한 정신적 토양 위에서 자란 레프 톨스토이는 자신에게 주어진 특권을 평생의 빚으로 여기며 살았다. 농민들의 노동 위에 세워진 자신의 안락함이 그의 양심을 끊임없이 괴롭혔다. 하지만 바로 이 아픈 자각이 그를 단순한 문학가를 넘어 시대의 양심으로 우뚝 서게 만든 원동력이 되었다. 그는 가문이 물려준 명예를 개인의 자랑거리로 삼지 않고, 모든 인간의 구원을 위한 책무로 받아들였다.

2.2 어머니의 사망과 어린 시절의 상실 경험

1828년 초가을, 러시아 제국 툴라 지방 크라피브나 군에 자리한 야스나야 폴랴나 영지에서 갓난아기의 울음소리가 울려 퍼졌다. 조상들의 숨결이 스며든 이 땅에서 레프 니콜라예비치 톨스토이가 세상과 첫인사를 나눴다. 그러나 어머니 마리야 톨스타야 백작 부인의 따뜻한 손길을 느낄 수 있었던 시간은 이슬처럼 짧기만 했다. 1830년 여름, 아직 두 돌도 채우지 못한 레프는 여섯 자녀를 남겨둔 채 스물여덟의 젊은 나이로 생을 마감한 어머니와 영원한 이별을 맞았다. 피로 맺어진 인연은 아니었지만, 마음으로 이어진 타티야나 예르골스카야가 어머니의 텅 빈 자리를 자신의 온기로 차분히 채워갔다. 어린 레프가 다정하게 '숙모'라 불렀던 이 여인은 단순한 양육자를 넘어, 훗날 톨스토이의 정신적 뿌리를 형성한 근원적 존재가 되었다. 타티야나가 어린 톨스토이의 영혼에 심어준 것은 '소박한 일상에서 빛나는 진짜 아름다움'과 '조건 없는 사랑이 만들어내는 온전한 행복'이었다.

세월이 흐른 뒤 밝혀진 가슴 아픈 진실이 있었다. 젊은 날 타티야나의 가슴 한편에는 톨스토이의 아버지 니콜라이 일리치를 향한 은밀한 그리움이 숨어 있었다. 그러나 그녀는 사랑하는 이가 더 풍족한 가문의 딸과 결혼하여 안정된 삶을 살기를 진심으로 원하며 스스로 그림자가 되었다. 더욱 감동적인 것은 이 모든 사연을 알았던 톨스토이의 어머니 마리야가 타티야나와 진정한 벗이 되었다는 사실이다. 마리야가 세상을 떠난 후 니콜라이 일리치가 간절한 마음으로 재차 구혼했을 때, 타티야나는 새어머니라는 이름이 아이들과 아버지 사이에 생길지 모를 틈을 우려하여 또 한 번 물러섰다. 대신 그녀가 택한 길은 일생을 바쳐 아이들의 참된 보호자가 되는 것이었다. 1837년 차가운 겨울, 톨스토이는 아버지가 남긴 낡은 편지들을 읽다가 이 애틋한 가족의 비밀과 처음으로 대면하게 되었다.

타티야나 예르골스카야의 한결같은 보살핌 아래서 성장한 톨스토이는 이 비범한 여인으로부터 무한한 애정과 흔들리지 않는 신뢰를 받으며 자라났다. 예르골스카야는 어린 레프가 정서적으로 성숙하고 윤리적 좌표를 정립해가는 과정에서 든든한 나침반이 되어주었으며, 훗날 톨스토이는 그녀를 떠올리며 "내 영혼에 가장 맑고 순수한 정신적 빛을 비춰준 존재"라는 고백을 남겼다.

어린 나이에 부모와 이별한 체험은 톨스토이가 죽음이라는 불가피한 숙명과 그 속에서 우리가 존재하는 이유에 대한 근원적 질문을 품게 했다. 유년의 이 깊은 결핍은 그의 작품 세계에서 유한한 인간의 숙명과 그럼에도 추구해야 할 삶의 진정한 가치를 탐색하는 철학적 성찰로 승화되었다. 『이반 일리치의 죽음』과 『세 개의 죽음』 같은 작품들은 죽음 앞에 선 인간의 적나라한 얼굴을 통해, 역설적으로 우리가 숨 쉬는 모든 순간이 지닌 귀중한 의미를 포착하려는 작가의 간절한 영혼의 탐구를 보여주고 있다.

2.3 야스나야 폴랴나에서의 어린 시절

야스나야 폴랴나는 톨스토이에게 단순한 집이 아닌 영혼이 숨쉬는 성전이었다. 이곳에서 첫 빛을 본 그는 평생 이 땅을 자신의 존재론적 뿌리이자 정신이 돌아갈 안식처로 가슴에 품었다. 은빛으로 반짝이는 자작나무 숲과 정성껏 가꾼 정원, 고요한 물결에 구름이 떠도는 연못까지, 이 모든 장면은 세월이 흐른 뒤 그의 작품 속에서 대자연에 대한 경건한 찬미와 순박한 전원생활을 향한 애틋한 그리움으로 되살아났다.

톨스토이 가문에는 네 형제(니콜라이, 세르게이, 드미트리, 레프)와 막내 마리야가 있었다. 형제자매와 나눈 어린 날의 순간들은 톨스토이의 마음속에 지울 수 없는 흔적을 새겼다. 그중에서도 맏형 니콜라이가 들려준 '녹색 지팡이' 전설은 어린 레프의 마음을 완전히 사로잡았다. 모든 인간이 행복하게 사는 비밀이 새겨진 초록빛 지팡이가 야스나야 폴랴나의 깊은 숲 어디엔가 숨어 있다는 이 환상적인 이야기는 톨스토이의 정신 깊은 곳에 뿌리내렸고, 그는 생애 마지막 안식을 그 전설이 살아 숨 쉬는 곳에서 찾기를 간절히 소망했다.

형제들과 함께 만든 '개미 형제단'이라는 상상의 놀이는 어린 톨스토이에게 이상적 세계에 대한 첫 번째 불꽃을 지폈다. 모든 인간이 진정으로 서로를 보듬으며 참된 행복 속에서 더불어 사는 길을 찾아내는 것이 이 놀이의 거룩한 목표였고, 이러한 순수한 어린 시절의 꿈은 세월이 지나 그가 평생 걸어갈 보편적 사랑과 정의의 철학으로 자라나게 된다.

톨스토이는 어린 시절부터 예민한 촉수와 예리한 관찰력을 지녔으며, 자기 자신과 주변 세계를 들여다보는 깊은 성찰을 통해 일찍부터 윤리적, 철학적 탐색에 빠져들었다. 그는 자전적 작품 『유년 시절』에서 이런 어린 날의 정신적 모험을 투명하면서도 정밀한 언어로 생생하게 그려내고 있다.

2.4 가정교사들과 초기 교육

톨스토이는 당대 러시아 귀족 사회의 익숙한 관습에 따라 가정교사들이 펼쳐주는 지식의 향연 속에서 자라났다. 독일과 프랑스에서 온 스승들로부터 외국어의 음률과 문학의 정수, 악기가 만들어내는 화음, 수학의 논리를 하나씩 체득해갔으며, 그중에서도 프랑스어와 독일어는 마치 태어날 때부터 알았던 것처럼 자연스럽게 흘러나왔다. 이러한 여러 언어의 세계를 넘나드는 교육은 그에게 경계 없는 문화의 지평을 선물했고, 훗날 서구의 위대한 문학과 철학 텍스트들을 원어로 음미할 수 있는 든든한 다리가 되어주었다.

하지만 정규 교육과정보다 그의 정신에 훨씬 깊은 자국을 새긴 것은 아버지가 남긴 서재의 보물들이었다. 어린 톨스토이는 장 자크 루소와 로렌스 스턴, 조나단 스위프트, 알렉산드르 푸시킨의 작품들을 목마른 사람이 물을 마시듯 탐독했으며, 그중에서도 루소의 책들은 그의 사상적 지반을 뿌리째 흔들어놓는 지진과도 같았다. 루소가 외친 자연으로의 귀환과 문명의 허상에 대한 날카로운 질문, 교육의 혁명적 재창조는 톨스토이가 나중에 펼쳐 보일 사상과 놀라울 만큼 깊은 울림을 주고받고 있다.

톨스토이가 어린 시절 받은 교육은 완벽한 체계를 갖추지는 못했지만, 넘치는 지적 자극과 다채로운 문화적 체험을 풍성하게 베풀어주었다. 그는 피아노와 바이올린의 선율, 말과 함께하는 질주, 우아한 춤사위, 들판에서의 사냥 등 귀족 청년이 익혀야 할 예술과 기능을 두루 익혔다. 그러나 그는 틀에 박힌 교육 방식보다는 스스로 찾아가는 배움과 직접 부딪치며 얻는 깨달음을 더욱 소중히 여겼으며, 이러한 교육철학은 나중에 그가 야스나야 폴랴나에 세운 농민 아이들을 위한 학교의 영혼으로 고스란히 이어졌다.

3. 카잔 대학교와 청년기(1847-1851)

3.1 카잔 대학교 입학과 학업

    1844년, 열여섯 살 톨스토이는 희망을 품고 카잔 대학교 동양어학과에 첫발을 내디뎠다. 아랍어와 터키어라는 낯선 언어의 미로를 헤쳐 가려 노력했으나, 그의 영혼이 갈구하던 열정의 샘물은 그곳에 없었다. 일 년 뒤 법학과로 길을 바꿔보았지만, 법전의 딱딱한 문구들 사이에서도 그가 추구하던 삶의 해답은 찾을 수 없었다. 대학이라는 제도는 톨스토이에게 숨 막히는 감옥과 같았으며, 경직된 형식주의에 갇힌 교육은 그의 자유분방한 정신을 억누르는 쇠사슬로 다가왔다.

    나중에 자전적 소설 『청년 시절』에서 그는 당시의 절박한 심정을 이렇게 고백한다. "대학에서 주는 지식은 내가 갈망하는 것이 아니었다. 내가 진정 알고 싶었던 것들은 대학에서 가르치지 않았다."

    카잔 대학 시절이 학업 성취도 면에서는 초라한 결과를 남겼을지 몰라도, 이 시간은 톨스토이가 러시아 사상계의 격동하는 조류와 처음으로 맞닥뜨린 중요한 순간이었다. 헤겔의 난해한 사변철학과 서구의 진보적 사상이 카잔 대학 곳곳에 스며들고 있었으며, 젊은 톨스토이는 이 생경하면서도 흥미진진한 지적 세계로 조심스럽게 발을 들여놓았다.

    이 무렵 그는 몽테스키외와 루소, 푸리에와 프루동의 저작들을 탐욕스럽게 읽어나갔으며, 그들이 꿈꾸던 공정하고 균등한 사회의 이상은 그의 마음에 강렬한 파문을 일으켰다. 특히 루소의 『에밀』과 『사회계약론』이 그에게 미친 영향은 결정적이었는데, 원시적 순수성에 대한 루소의 동경과 부패한 문명을 향한 신랄한 고발은 톨스토이의 일생을 이끌 사상적 나침반의 첫 번째 방향을 제시해 주었다.

3.2 사교계 생활과 방황

    카잔 시절의 톨스토이는 책상 앞의 학구적 몰두보다는 사교계의 눈부신 불빛 속으로 자신을 던져 넣었다. 무도회장의 어지러운 왈츠와 카드 테이블 앞의 아찔한 긴장감, 그리고 새벽까지 이어지는 술자리의 열기에 온몸을 맡긴 채 거침없는 청춘을 불태웠고, 그 대가로 만만치 않은 빚더미를 짊어지게 되었다. 그는 일기장 속에 이런 통제 불능의 시간들과 그 뒤에 찾아오는 깊은 자기 경멸을 숨김없이 적어 내려갔다.

　이 시기 톨스토이는 귀족 청년들이 흔히 빠지는 쾌락과 타락의 소용돌이에 휩쓸려 있었으나, 그와 동시에 마음 한편에서는 도덕적 순결을 향한 뜨거운 갈망이 끊임없이 요동치고 있었다. 그는 끊임없이 자신의 행동을 차가운 눈으로 심판하며, 더 높은 삶의 경지를 향한 엄격한 계율을 만들어내려 분투했다. 육체적 충동과 영적 추구 사이의 쉼 없는 전쟁이라 할 수 있는 이런 내면의 균열은 톨스토이가 평생 씨름해야 했던, 그리고 그의 문학 세계를 떠받치는 근본적 긴장이었다.

　이때의 경험들은 나중에 『안나 카레니나』의 브론스키나 『전쟁과 평화』의 피에르 베주호프, 『부활』의 네흘류도프 같은 인물들을 탄생시키는 소중한 자양분이 되었다. 이 인물들은 모두 귀족 사회의 달콤한 독배에 취해 있다가 점차 자신이 누구인지, 왜 살아야 하는지를 묻기 시작하는 영혼의 순례자들이다.

　카잔에서 공부하던 시절 톨스토이는 지방 명문가 딸인 소냐 칼로시나를 만나 처음으로 가슴 떨리는 사랑의 감정을 느꼈다. 이 풋사랑은 금세 시들어버렸지만, 톨스토이의 마음속에는 영원히 지워지지 않는 뜨거운 흔적을 남겼고, 이 기억은 훗날 그의 소설들 속에서 젊은 날의 떨리는 연정을 그려내는 아름다운 물감이 되었다.

3.3 대학 중퇴와 초기 문학적 시도

　1847년, 톨스토이는 학문에 대한 열의를 완전히 상실한 채 대학을 떠나 야스나야 폴랴나의 따뜻한 품으로 돌아왔다. 그는 대학의 딱딱한 틀보다 스스로 개척해가는 지적 모험을 훨씬 더 소중하게 생각했다. 고향 영지에 자리를 잡은 그는 자신의 농노들이 처한 열악한 현실을 개선하고 그들에게 배움의 기회를 열어주는 일에 진심 어린 열정을 쏟기 시작했다.

이 시기 톨스토이는 영지를 새롭게 운영하고 농민들의 삶을 풍요롭게 만들기 위한 원대한 꿈을 그려나갔다. 그는 농노들을 위한 학교를 설립하고, 선진적인 농사 기술을 들여오는 등 과감한 변화를 시도했다. 그러나 그의 이상적인 계획들은 부족한 경험과 완고한 현실의 벽 앞에서 하나둘 무너져 내렸다.

바로 이 시절은 톨스토이가 문학의 세계로 본격적인 첫걸음을 내딛은 결정적 순간이기도 했다. 그는 자신의 일기와 기억의 조각들을 엮어 자전적 이야기를 써 내려가기 시작했고, 이 시도는 훗날 『유년 시절』이라는 보석 같은 작품으로 빛을 발하게 된다. 또한 로렌스 스턴의 『트리스트럼 샌디』에서 얻은 영감을 토대로 새로운 형식의 산문을 실험해 보기도 했다.

톨스토이는 이때부터 자신의 삶을 이끌어갈 엄격한 원칙과 구체적인 계획을 세워나가기 시작했다. 그의 일기장은 자기 변화와 도덕적 완성을 향한 치밀한 설계도로 가득 채워져 있다. 이러한 자기 절제와 윤리적 완벽함을 향한 갈구는 톨스토이의 일생을 관통하는 근본적 성격이 되었으며, 그의 문학 작품과 사상 체계의 가장 중요한 토대를 이루었다.

3.4 톨스토이의 자기 성찰과 도덕적 탐구

청년기 톨스토이를 관통하는 가장 뚜렷한 특징은 밑바닥까지 파헤치는 자기 탐구와 끝없는 윤리적 추적이었다. 열여덟 살 무렵부터 그가 빠뜨리지 않고 적어 내려간 일기장은 한 인간의 영혼이 겪는 내밀한 고통과 도덕적 번민, 그리고 정체성을 찾아가는 험난한 여정의 생생한 기록물이 되었다.

일기 곳곳에서 톨스토이는 자신 안에 도사린 약점과 결함들을 서늘한 눈빛으로 분석하며, 더 나은 자신으로 거듭나기 위한 치밀한 계획과 원칙들을 세워나갔다. 완벽을 추구하는 그의 성향은 강렬했고, 스스로 세운 높은 도덕적 잣대에 미달할 때마다 자신을 혹독하게 몰아붙였다.

이 시기 그는 철학과 윤리의 근본 문제들에 깊숙이 매혹되어 있었으며, 인간이 어떻게 행복해질 수 있는지, 진정한 덕이란 무엇인지, 우리가 존재하는 궁극적 이유는 무엇인지를 놓고 치열한 사색에 몰두했다. 그는 자기 삶의 방향을 "가능한 한 완전한 인간이 되는 것"으로 명확히 설정했으며, 이런 목표 달성을 위해서는 멈추지 않는 자기 계발과 윤리적 실천이 필요하다고 믿었다.

이처럼 자신을 들여다보고 도덕적 진리를 추구하는 태도는 톨스토이 문학의 가장 중요한 주제로 자리 잡았다. 그가 창조한 수많은 인물, 특히 피에르 베주호프와 레빈, 네흘류도프 같은 작가 자신의 모습이 투영된 인물들은 모두 삶의 참된 의미와 도덕적 진실을 찾아 내면에서 치열한 전투를 벌여나간다.

4. 군 생활과 캅카스 체험(1851-1856)

4.1 캅카스 입대와 전쟁 경험

부채 더미 속에서 허망한 나날들을 보내며 지쳐가던 톨스토이는 1851년, 형 니콜라이의 손을 잡고 캅카스 지역의 러시아 군대로 향했다. 캅카스는 그 시절 러시아 제국이 남쪽으로 뻗어 나가려는 야망과 그에 맞서 땅을 지키려는 산악 부족들의 의지가 격렬하게 부딪치는 최전선이었다. 포병 부대 장교로 발을 들여놓은 톨스토이에게 이 땅은 그의 삶을 송두리째 뒤바꿔놓을 운명적 무대가 되었다.

　캅카스에서 톨스토이는 전쟁이 드리우는 참혹한 그림자와 언제 찾아올지 모르는 죽음의 공포, 그리고 병사들이 견뎌내야 하는 일상의 시련을 몸소 겪어냈다. 몇 차례나 치열한 교전 속으로 내몰렸고, 한순간 적군의 공격에 목숨을 잃을 뻔한 아찔한 경험도 맛보았다. 이런 극단적 상황들은 그에게 죽음과 삶이라는 근본적 물음들과 정면으로 마주할 기회를 안겨주었다.

　캅카스산맥이 펼쳐 보이는 압도적 장관과 그 땅에 뿌리내린 토착민들의 삶의 방식 또한 톨스토이의 마음을 깊이 뒤흔들어놓았다. 그는 캅카스 연봉들이 보여주는 거대한 숭고함과 캅카스 민족들이 살아가는 자유로운 풍습, 그리고 그들 안에 흐르는 용기와 명예에 대한 신념에 강렬한 매혹을 느꼈다. 캅카스에서의 이런 체험들은 훗날 그의 작품 세계에 깊은 영향을 미쳤다. 초기작 『캅카스의 포로』와 만년의 걸작 『하지 무라트』에서 이 시절의 강렬한 인상들이 생생하게 형상화되었다.

　캅카스에서 보낸 군 복무의 세월은 톨스토이에게 깊은 성찰의 시간을 선사했다. 귀족 사회의 편안한 울타리를 벗어나 전쟁터의 위험과 군인들의 거친 현실 속에 몸을 던지면서, 그는 삶이 던지는 근원적 질문들에 대해 더욱 진지하게 천착하게 되었다. 또한 이 시기 그는 병사들의 꾸밈없고 솔직한 삶의 태도에서 진정한 인간다움의 모습을 발견했으며, 이는 그의 도덕적 확신과 세계관 형성에 결정적 전환점을 마련해 주었다.

4.2 크림 전쟁 참전과 세바스토폴 체험

　1853년에 터져 나온 크림 전쟁은 러시아 제국과 오스만 제국이 맞붙은 거대한 충돌의 무대였고, 여기에 영국과 프랑스가 오스만 편에 서면서 전 유럽을 뒤흔드는 대전쟁으로 번져갔다. 톨스토이는 1854년 스스로 원해서 세바스토폴 최전선으로 몸을 던졌다.

크림반도 한 모퉁이에 자리 잡은 세바스토폴은 러시아 해군력의 심장부였고, 연합군이 온 힘을 기울여 포위하고 공격하는 절체절명의 요새였다.

세바스토폴에서 톨스토이는 전쟁이 보여줄 수 있는 가장 끔찍한 얼굴과 마주해야 했다. 포병 장교로서 그는 최전방의 한복판에서 도시를 지키는 사투에 온 존재를 바쳤다. 1855년 8월, 세바스토폴이 마침내 무너져 내리기 바로 전 순간까지 그는 그 지옥 같은 전장을 떠나지 않았다.

이 극도의 시련은 톨스토이에게 전쟁이 품고 있는 혼란과 공포, 그리고 그 한가운데서 펼쳐지는 인간의 모습들에 대한 깊은 깨달음을 가져다주었다. 그는 전쟁을 둘러싼 영웅담과 조국애의 화려한 포장 너머에 도사린 냉혹함과 공허함을 생생하게 지켜보았으며, 이것이 그가 전쟁에 대한 예리한 비판 의식을 키우는 토양이 되었다.

세바스토폴에서 겪은 처절한 나날들은 『세바스토폴 이야기』 삼부작(「세바스토폴, 12월」, 「세바스토폴, 5월」, 「세바스토폴, 8월」)이라는 문학적 성과로 꽃피었다. 이 작품들은 전쟁을 미화하지 않고 그 잔혹한 진실을 있는 그대로 펼쳐 보였으며, 러시아 문단에 강렬한 충격을 안겨주었다. 무엇보다 톨스토이가 그려낸 전장의 모습은 실감 나면서도 역동적이었고, 전쟁의 '참된 얼굴'을 붙잡으려는 그의 문학적 시도는 나중에 『전쟁과 평화』에서 한층 더 세밀하고 완성된 형태로 발전해나갔다.

4.3 문학적 데뷔 『유년 시절』과 『세바스토폴 이야기』

캅카스와 세바스토폴에서의 치열한 경험은 톨스토이의 문학적 출발점으로 이어졌다. 1852년, 톨스토이는 자전적 소설 『유년 시절』을 완성하여 당시 권위 있는 문예지 「동시대인」에 투고했다. 이 작품은 즉각적인 성공을 거두었으며, 톨스토이를 촉망받는 신진 작가로 문단에 알렸다.

『유년 시절』은 어린 소년 니콜렌카의 눈을 통해 귀족 가정의 일상과 어린이의 정신적 성장을 섬세하게 그려낸 작품이다. 이 소설은 톨스토이의 자전적 요소를 풍부하게 담고 있으며, 그의 독특한 심리적 사실주의와 도덕적 성찰이 이미 싹트고 있음을 보여준다.

『세바스토폴 이야기』는 더욱 강렬한 파장을 불러일으켰다. 이 작품들은 전장에서 직접 작성된 현장 보고서와 같은 형식으로, 전쟁의 영웅적 서사와 애국적 열정 뒤에 숨겨진 공포와 허무함을 적나라하게 폭로했다. 특히 1855년에 발표된 「세바스토폴, 5월」은 검열 당국의 예리한 시선을 받았으나, 알렉산드르 2세가 직접 읽고 깊은 감동을 받아 출간 허가가 내려졌다고 전해진다.

『세바스토폴 이야기』는 단순한 전쟁 기록을 초월하여, 극한 상황에서 드러나는 인간 심리와 행태에 대한 깊이 있는 통찰을 담고 있다. 톨스토이는 병사들의 용맹함과 두려움, 헌신과 이기적 욕망, 그리고 죽음 앞에서의 다채로운 반응들을 생생하게 포착했다. 이 작품에서 그는 또한 전쟁의 '진실한 모습'에 대한 추구, 즉 전쟁의 현실을 포장 없이 그대로 보여주고자 하는 문학적 의지를 명확히 드러냈다.

이 초기 작품들에서 이미 톨스토이의 독특한 문제와 주제 의식, 즉 심리적 사실주의와 도덕적 탐구, 사회적 부정의에 대한 예민한 감수성이 모습을 드러내기 시작했다. 이 시기의 체험과 문학적 성취는 톨스토이의 작가적 정체성 형성에 핵심적 역할을 수행했으며, 훗날 그가 창조하게 될 대서사시들의 든든한 토대가 되었다.

4.4 상트페테르부르크 문학 서클과의 교류

1855년, 톨스토이는 크림 전쟁에서의 군무를 마치고 상트페테르부르크로 돌아왔다. 그는 이미 『유년 시절』과 『세바스토폴 이야기』를 통해 문학적 명성을 쌓은 상태였으며, 이를 발판으로 당시 러시아 문학계의 핵심 인물들과 의미 있는 교류를 시작하게 되었다.

상트페테르부르크에서 톨스토이는 「동시대인」 집단의 일원이 되었다. 이 모임에는 니콜라이 네크라소프(편집인), 이반 투르게네프, 알렉산드르 드루지닌, 바실리 보트킨 등 당대 러시아의 주요 문인과 비평가들이 함께하고 있었다. 이들과의 만남은 톨스토이에게 문학적 영감과 지적 도전의 기회를 안겨주었다.

특히 투르게네프와의 인간관계는 매우 복잡한 양상을 띠었다. 두 사람은 서로의 문학적 재능을 존중했지만, 성향과 문학관의 차이로 인해 자주 갈등을 빚었다. 투르게네프는 서구주의자로서 러시아의 유럽적 변화를 지지했지만, 톨스토이는 점차 러시아 고유의 가치와 농민 문화에 더욱 깊은 의미를 발견하는 방향으로 나아갔다.

상트페테르부르크의 문학 동인회는 톨스토이에게 폭넓은 지적 시야와 다양한 문학적 영향을 제공했다. 하지만 그는 도시 귀족 사회와 문학계의 인위적인 분위기에 불편함을 느꼈으며, 서서히 그들과 거리를 두기 시작했다. 그는 자연스러움과 진실성을 갈망하는 자신의 본성이 도시 사교계와 맞지 않는다고 여겼으며, 이러한 내적 갈등은 훗날 그의 작품에서 중요한 주제로 자리 잡게 된다.

5. 유럽 여행과 야스나야 폴랴나로의 귀환(1857-1862)

5.1 유럽 여행과 서구 문명에 대한 인상

1856년 군 복무를 마친 톨스토이는 1857년부터 2년에 걸쳐 프랑스와 스위스, 독일, 이탈리아 등 서유럽 각국을 순례하듯 여행했다. 이 여정은 그에게 서구 문명과 러시아 문화를 대비해볼 소중한 기회를 안겨주었으며, 그의 세계관 정립에 혁명적 영향을 끼쳤다.

파리에서 그는 지식인들과 활발히 교류하며 화려한 문화생활을 만끽했지만, 동시에 서구 사회의 물질만능주의와 허위의식에 깊은 환멸을 느꼈다. 특히 파리에서 공개 처형 장면을 목격한 후 그는 극심한 충격에 빠졌으며, 이는 그의 법 제도에 대한 비판적 관점 형성에 결정적 영향을 미쳤다. 그는 일기에 "오늘 새벽 나는 단두대에서의 처형을 보았다... 목이 잘린 몸뚱이가 바구니에 떨어지는 소리를 들었을 때, 나는 국가 폭력의 본질을 이해했다"라고 기록해두었다.

스위스와 독일에서는 교육체계를 연구했으며, 특히 페스탈로치와 프뢰벨의 교육 방법론에 각별한 관심을 기울였다. 이러한 체험은 훗날 그가 야스나야 폴랴나에 세운 농민 자녀 학교의 교육 철학에 고스란히 반영되었다.

이탈리아에서는 예술과 역사에 몰두했으며, 르네상스의 걸작들을 감상했다. 그러나 그는 유럽의 문화적 성취에 감탄하면서도, 서구 문명의 한계와 모순을 날카롭게 간파했다. 그는 서구의 기술적, 문화적 진보 이면에 감춰진 빈부 격차와 사회적 불의, 정신적 공허함을 비판적 시선으로 바라보았다.

유럽 순례는 톨스토이에게 러시아의 정체성과 미래 진로에 대한 심층적 질문을 던져주었다. 그는 러시아가 서구를 맹목적으로 따라 하는 것이 아니라, 자신만의 독특한 문화적, 정신적 가치를 발전시켜야 한다고 확신하게 되었다. 이러한 사상적 전개는 훗날 그의 작품과 사회적 실천에 깊이 각인되었다.

5.2 야스나야 폴랴나로의 귀환과 교육 활동

1859년, 톨스토이는 유럽 방랑을 마치고 야스나야 폴랴나의 고향 땅으로 발걸음을 돌렸다. 이때는 러시아 사회가 농노해방(1861)을 눈앞에 두고 변혁의 거대한 물결에 휩쓸려 있던 역동적인 순간이었다. 톨스토이는 급속히 변화하는 사회 한복판에서 농민들의 교육과 계몽에 뜨거운 사명감을 느끼게 되었으며, 이것이 그가 야스나야 폴랴나에 농민 자녀들을 위한 학교를 건립하게 만든 추진력이 되었다.

톨스토이의 교육 철학은 당시 러시아의 관습적인 교육 방식에 정면으로 도전하는 혁신적 시도였다. 그는 억압과 체벌에 의존해 온 기존의 교육 방식을 단호히 배척하고, 학생들의 자유로운 상상력과 창의성, 자발적 학습 열망을 소중히 여기는 새로운 교육 방식을 모색했다. 그의 교육 이론은 루소의 자연주의적 교육관과 페스탈로치의 직관 교육법에서 영감을 받았으며, 아동의 자연스러운 성장과 개별적 흥미를 무엇보다 중요하게 여겼다.

야스나야 폴랴나 학교에는 40명 남짓한 농민 자녀들이 다녔으며, 톨스토이 자신이 중심 교사로 나섰다. 학교에서는 읽기와 쓰기, 산수, 역사, 지리, 자연과학, 종교, 음악, 미술 등 다양한 과목들이 가르쳐졌다. 수업은 생동감 넘치고 쌍방향적으로 이루어졌으며, 학생들의 질문과 토론이 적극 격려받았다. 체벌이나 강제적인 과제는 존재하지 않았으며, 학생들은 자신의 흥미와 학습 템포에 맞춰 배워나갈 수 있었다.

이 시기 톨스토이는 교육 전문지 『야스나야 폴랴나』를 발간하여 자신의 교육 이론과 실천 경험을 폭넓게 전파했다. 이 잡지에 실린 그의 교육론 논문들은 당시 러시아 교육계에 신선한 자극을 안겨주었으며, 그의 진보적인 교육 사상은 후세의 교육 개혁가들에게 지속적인 영향을 미쳤다.

톨스토이의 교육 활동은 단순한 자선 행위가 아니라, 그의 사회적, 철학적 신념을 현실에서 실현하는 구체적 실천이었다. 그는 교육을 통해 사회 변화를 견인할 수 있다고 굳게 믿었으며, 특히 농민들의 지적, 도덕적 성장이 러시아 사회의 발전에 꼭 필요하다고 생각했다. 이러한 교육에 관한 관심과 헌신은 그의 평생에 걸쳐 이어졌으며, 훗날 그의 사회 개혁 사상의 중요한 기둥이 되었다.

5.3 소피아 베르스와의 결혼

1862년 9월, 서른네 살의 톨스토이는 열여덟 살의 소피아 안드레예브나 베르스와 혼례를 치렀다. 소피아는 모스크바의 의사 가문에서 성장한 품격 있는 젊은 여성이었다. 그녀는 음악과 문학, 언어에 탁월한 재능을 드러냈으며, 톨스토이의 문학적 작업을 이해하고 지원할 수 있는 지적 바탕을 지니고 있었다.

결혼을 하루 앞둔 저녁, 톨스토이는 소피아에게 자신의 과거 방탕한 생활과 연애 경험을 세세히 기록한 일기를 읽게 했다. 이는 그들의 결혼이 솔직함과 진실성 위에 세워져야 한다는 그의 철학 때문이었지만, 소피아에게는 큰 충격과 상처를 남겼다. 이 일은 그들의 결혼 생활에 오랫동안 깊은 그림자를 드리웠으며, 소피아의 질투심과 불안감의 뿌리가 되었다.

결혼 초기 톨스토이와 소피아의 관계는 화목했다. 소피아는 톨스토이의 작품 원고를 정리하고 필사하는 소중한 역할을 담당했으며, 특히 『전쟁과 평화』는 소피아가 일곱 번이나 다시 베껴 썼다고 전해진다. 그녀는 또한 야스나야 폴랴나의 가사 관리와 자녀 교육, 그리고 톨스토이의 출판 업무와 재정 관리를 도맡았다.

그들은 열세 명의 자녀를 낳았으며(그중 여덟 명이 성인으로 자랐다), 야스나야 폴랴나는 대가족의 아늑한 안식처가 되었다. 톨스토이는 가정생활에서 큰 기쁨을 찾았으며, 이 시기는 그의 가장 왕성한 문학 활동 시기이기도 했다. 『전쟁과 평화』와 『안나 카레니나』는 모두 이 결혼 생활의 평온한 시기에 탄생했다.

그러나 세월이 지나면서 톨스토이의 정신적, 종교적 변화와 소피아의 현실적인 성향 사이의 틈이 벌어지게 된다. 톨스토이는 점차 소박한 삶과 비폭력, 사유 재산 거부 등의 급진적인 신념을 키워나갔으며, 이는 가족의 물질적 안정을 중시하는 소피아와 부딪혔다. 이러한 갈등은 그들의 말년에 비극적인 결말로 치달아가게 된다.

5.4 문학적 성숙과 대작의 구상

결혼 이후의 평온한 시기는 톨스토이에게 깊은 문학적 사색과 대작 구상의 기회를 선물했다. 그는 야스나야 폴랴나의 조용한 환경 속에서 창작에 온전히 몰입할 수 있었으며, 이 시기에 그의 문학적 재능은 한결 더 성숙해졌다.

1863년, 톨스토이는 『카자크』를 세상에 선보였다. 이 작품은 캅카스에서의 그의 체험을 바탕으로 한 것으로, 문명화된 귀족 청년이 캅카스의 원시적 자연과 소박한 삶을 통해 정신적 재탄생을 경험하는 이야기다. 이 작품에서 이미 톨스토이의 핵심 주제들, 즉 문명과 자연의 대립, 인공적인 삶과 진실한 삶의 대조, 정신적 갱신에 관한 탐구가 선명하게 드러나고 있다.

『카자크』 발표 이후, 톨스토이는 더욱 야심찬 문학적 기획을 품기 시작했다. 그는 러시아 역사와 사회에 관한 광범위한 연구에 착수했으며, 특히 나폴레옹 전쟁 시기(1805-1812)에 특별한 관심을 기울였다. 이 연구는 훗날 그의 대서사시 『전쟁과 평화』의 기반이 되었다.

이 무렵 톨스토이는 또한 러시아 귀족 사회와 농민의 삶, 결혼과 가족 관계, 개인의 도덕적 책임과 사회적 의무 등의 주제에 대해 심도 있게 사색했다. 이러한 사유는 그의 소설에서 등장인물들의 복합적인 내적 세계와 도덕적 갈등을 그려내는 데 고스란히 반영되었다.

톨스토이의 문학적 방법론도 이 시기에 한층 정교해졌다. 그는 인물의 내면 심리를 섬세하게 포착하는 기술과 일상적인 디테일을 통해 더 큰 진실을 드러내는 능력, 그리고 역사적 사건과 개인의 삶을 유기적으로 연결하는 서사적 기법을 발전시켰다. 이러한 문학적 기술은 그의 대작들에서 완전히 개화했으며, 이는 그를 세계 문학의 거장으로 우뚝 서게 한 원동력이었다.

6. 대작의 시대 『전쟁과 평화』와 『안나 카레니나』 (1863-1877)

6.1 『전쟁과 평화』의 집필과 출판

1863년부터 1869년까지 6년에 걸쳐 톨스토이는 그의 불멸의 명작 『전쟁과 평화』를 탄생시켰다. 이 거대한 작품은 1805년부터 1820년까지의 러시아 역사를 무대로 삼아, 나폴레옹 전쟁 시기 러시아 사회의 역동적인 모습과 다섯 귀족 가문의 삶을 그린 장대한 서사시다. 원고는 총 1,225쪽에 이르렀으며, 러시아어 초판은 6권으로 세상에 나왔다.

『전쟁과 평화』의 창작 과정은 톨스토이에게 상상을 뛰어넘는 지적, 창조적 도전이었다. 그는 광범위한 역사 문헌을 파헤쳤으며, 실제 전투와 역사적 인물들에 대한 철저한 조사를 벌였다. 그는 또한 가족사와 개인적 체험을 작품에 스며들게 했으며, 특히 볼콘스키 가문은 그의 모계 혈통인 볼콘스키 가문에서, 로스토프 가문은 그의 부계 혈통인 톨스토이 가문에서 영감을 얻었다.

작품은 세 개의 중심적 서사 흐름으로 구성되어 있다. 안드레이 볼콘스키의 이야기와 피에르 베주호프의 이야기, 그리고 로스토프 가족(특히 나타샤)의 이야기다. 이 세 이야기는 서로 엮이며 러시아 사회의 다층적인 면모와 인간 경험의 깊이를 탐구한다.

『전쟁과 평화』는 단순한 역사소설이 아니라, 역사철학과 전쟁론, 가족 서사, 성장 소설, 사랑 이야기 등 다양한 요소가 융합된 통합적 작품이다. 이 작품에서 톨스토이는 역사의 물결에서 개인의 역할과 전쟁의 본질, 러시아의 민족정신 등 심층적인 철학적 주제들을 들여다본다. 특히 그는 '위대한 인물'이 역사를 이끈다는 전통적인 견해에 맞서며, 역사의 진정한 동력은 수많은 평범한 사람들의 집단적 행동과 의지라고 주장한다.

핵심 인물인 안드레이 볼콘스키와 피에르 베주호프, 나타샤 로스토바 등의 정신적 성장 과정은 톨스토이 자신의 인생 경험과 철학적 탐구를 투영한다. 특히 피에르의 정신적 방황과 깨달음의 과정은 톨스토이의 자전적 요소가 짙게 배어있다. 피에르는 처음에는 방탕한 생활을 하다가 점차 삶의 의미를 찾아가는 과정에서 다양한 사상과 경험을 거치며, 결국 소박하고 진정한 삶의 가치를 발견한다.

『전쟁과 평화』는 출간과 동시에 대성공을 거두었으며, 톨스토이를 러시아문학의 거장으로 확고히 자리매김하게 했다. 이 작품은 그 방대한 규모와 역사적 통찰력, 인물 묘사의 깊이, 그리고 인간 경험의 다양한 측면을 포착하는 능력으로 세계문학의 걸작으로 인정받고 있다.

6.2 『안나 카레니나』의 집필 배경과 주제

1873년부터 1877년까지 4년의 세월에 걸쳐 톨스토이는 그의 두 번째 걸작 『안나 카레니나』를 탄생시켰다. 이 작품은 "모든 행복한 가정은 서로 닮았지만, 불행한 가정은 저마다의 이유로 불행하다"라는 유명한 문장으로 시작된다. 이 첫 문장은 작품 전체의 핵심을 응축하고 있으며, 가정의 행복과 불행, 개인의 선택과 사회적 규범 사이의 갈등을 미리 보여준다.

『안나 카레니나』는 『전쟁과 평화』와는 달리 동시대(1870년대)의 러시아 상류 사회를 배경으로 하며, 보다 응축된 서사 구조를 지니고 있다. 작품은 두 개의 중심적 이야기 흐름으로 펼쳐진다. 하나는 결혼한 여성 안나 카레니나가 장교 브론스키와의 불륜에 휩쓸려 사회적, 개인적 파멸을 맞는 비극적 이야기이고, 다른 하나는 지주 콘스탄틴 레빈이 키티와의 결혼과 농촌 생활 속에서 삶의 의미를 발견해가는 이야기다.

이 두 이야기는 대비되면서도 서로를 보완한다. 안나의 이야기는 열정과 욕망이 이성과 도덕적 의무를 누를 때 일어나는 비극을 드러내지만, 레빈의 이야기는 자기 절제와 도덕적 성찰, 그리고 타인과의 진정한 관계를 통해 찾는 행복을 그린다.

『안나 카레니나』의 창작 배경에는 톨스토이 자신의 정신적 위기가 드리워져 있다. 이 시기에 그는 자신의 귀족적 특권과 문학적 성공에도 불구하고 삶의 의미에 대한 깊은 의문을 품기 시작했다. 레빈의 영적 탐구는 톨스토이 자신의 종교적, 철학적 고민을 투영하는 것으로, 이 작품은 그의 정신적 위기와 종교적 전환의 전조가 되었다.

이 작품에서 톨스토이는 결혼과 가족, 사랑과 정욕, 사회적 관습과 개인의 자유, 도시와 농촌의 대비, 삶의 의미와 신앙 등 다양한 주제를 탐구한다. 그는 특히 러시아 사회의 위선과 도덕적 타락, 그리고 진정한 가치와 의미 있는 삶의 추구라는 주제에 깊이 몰두한다.

도스토옙스키는 『안나 카레니나』를 "완벽한 예술 작품"이라고 평했으며, 이 작품은 오늘날까지도 세계문학의 고전으로 높이 평가받고 있다. 그 심리적 통찰력, 도덕적 복잡성, 그리고 인간관계의 섬세한 묘사는 이 작품을 문학의 걸작으로 만들었으며, 톨스토이의 문학적 천재성을 확인시켜 주었다.

6.3 두 대작에 나타난 톨스토이의 세계관과 문학적 특징

『전쟁과 평화』와 『안나 카레니나』에서 공통으로 드러나는 톨스토이의 세계관과 문학적 특징은 다음과 같다.

1. 심리적 사실주의: 톨스토이는 등장인물의 내면 심리를 극도로 정밀하게 포착하며, 특히 의식의 흐름 기법을 선구적으로 구사했다. 그는 인물의 사유와 감정, 내적 모순을 정교하게 표현함으로써 인간 심리의 복잡성과 다층성을 생생하게 재현했다. 이러한 심리적 사실주의는 훗날 현대 소설의 발전에 혁명적 영향을 끼쳤다.

2. 도덕적 탐구: 작품 속 인물들은 끊임없이 윤리적 질문과 맞닥뜨리며, 옳고 그름에 대한 고뇌를 통해 성장한다. 톨스토이는 단순한 도덕적 판단을 넘어, 인간 행동의 복잡한 동기와 결과, 그리고 윤리적 선택의 어려움을 탐구한다. 그의 인물들은 종종 자신의 도덕적 신념과 사회적 압력, 또는 개인적 욕망 사이에서 갈등한다.

3. 자연과 농촌: 생활의 이상화 톨스토이는 자연과 농촌 생활에서 진정한 삶의 가치를 발견하며, 도시의 인위적인 삶을 비판한다. 그는 농촌의 소박함과 자연스러움, 그리고 인간과 자연의 조화로운 관계를 이상적인 삶의 모델로 제시한다. 이러한 관점은 그의 개인적 경험(야스나야 폴랴나에서의 삶)과 루소의 영향을 반영한다.

4. 역사관: 톨스토이는 역사를 위인들의 행동이 아닌, 수많은 개인의 의지와 행동이 복합적으로 작용한 결과로 본다. 그는 『전쟁과 평화』에서 나폴레옹과 같은 '위대한 인물'의 역할을 상대화하고, 역사의 진정한 동력으로서 민중의 집단적 의지와 행동을 강조한다. 이러한 역사관은 역사적 결정론과 개인의 자유의지 사이의 복잡한 관계에 대한 그의 철학적 고민을 반영한다.

5. 종교적 요소: 두 작품 모두에서 종교적 주제가 중요하게 다루어지며, 특히 『안나 카레니나』에서는 레빈의 종교적 탐구가 작품의 중요한 축을 이룬다.

톨스토이는 공식적인 교회 종교보다는 개인의 내면적 신앙과 도덕적 진실성을 강조하며, 이는 후에 그의 종교 사상의 핵심이 된다.

6. 일상의 중요성: 톨스토이는 거대한 역사적 사건 속에서도 일상의 세부 사항과 개인의 소소한 경험을 중요하게 다룬다. 그는 일상적인 장면(가족 식사, 사냥, 농사일 등)의 생생한 묘사를 통해 인간 경험의 진정성과 풍부함을 포착한다.

7. 변증법적 구조: 두 작품 모두 대비되는 인물과 상황을 통해 삶의 다양한 측면을 탐구하는 변증법적 구조로 되어있다. 『전쟁과 평화』에서는 전쟁과 평화, 도시와 농촌, 프랑스와 러시아 등의 대비가, 『안나 카레니나』에서는 안나와 레빈, 도시와 농촌, 열정과 이성 등의 대비가 작품의 구조적 틀을 형성한다.

이 두 걸작은 톨스토이 문학의 절정을 이루며, 그의 성숙한 예술적 비전과 철학적 깊이를 보여준다. 이 작품들을 통해 톨스토이는 인간 경험의 복잡성과 다양성, 그리고 삶의 근본적인 질문들에 대한 깊은 통찰을 제공했으며, 이는 그를 세계문학의 거장으로 우뚝 서게 한 원동력이었다.

6.4 문학적 성공과 개인적 고민

1870년대 중반에 이르러 톨스토이는 러시아 문학계의 정점에 올라섰고, 『전쟁과 평화』와 『안나 카레니나』라는 걸작들로 세계적인 명성을 얻게 되었다. 그의 소설들은 수많은 언어로 번역되어 읽혔으며, 국경을 넘나드는 비평가들이 한목소리로 찬탄을 보냈다. 이때 그는 창작력의 황금기를 맞이했을 뿐 아니라 물질적으로도 풍족한 삶을 영위하고 있었다.

하지만 화려한 성공의 이면에서 톨스토이는 서서히 마음 깊숙한 곳에서 피어오르는 불안과 허무감을 마주하게 되었다. 『안나 카레니나』의 마지막 장을 덮은 순간부터, 그는 걷잡을 수 없는 정신적 혼란 속으로 빨려 들어갔다. 문학적 업적도, 사회가 인정해준 지위도, 그리고 넘쳐나는 부도 모든 것이 갑자기 의미를 잃어버린 듯 느껴졌다.

그 무렵 그가 일기장에 적어 내려간 절절한 물음들이 있다. "내가 무엇을 위해 살고 있는가? 내가 죽으면 무엇이 남을 것인가? 내 삶의 의미는 무엇인가?" 이런 근원적인 질문들이 그를 깊은 절망의 늪으로 끌어당겼고, 때로는 스스로 목숨을 끊고 싶다는 충동에까지 시달리게 만들었다.

톨스토이가 겪은 이 위기는 단순히 개인의 고뇌에 그치지 않았으며, 당시 러시아 사회와 문화가 안고 있던 거대한 모순의 반영이었다. 19세기 말 러시아는 격동의 변화 속에서 흔들리고 있었고, 오래된 전통과 밀려드는 새로운 사조 사이에서 극심한 대립이 벌어지고 있었다. 톨스토이는 이러한 시대의 파열음을 누구보다 예민하게 포착했으며, 그의 내적 갈등은 더욱 큰 역사적 전환기의 아픔을 고스란히 담고 있었다.

더욱이 그의 고통은 자신이 태생적으로 지닌 귀족의 특권과 양심 사이의 견딜 수 없는 괴리에서 우러나왔다. 자신이 누리는 풍요로움이 결국 농민들의 피와 땀 위에 쌓아 올린 것이라는 진실을 마주하면서, 그는 견디기 힘든 죄의식과 도덕적 고통에 시달렸다.

이러한 내면의 번민은 자연스럽게 그의 창작 세계로 스며들었다. 『안나 카레니나』에 등장하는 레빈이라는 인물을 통해 톨스토이는 자신의 정신적 방황과 도덕적 탐색을 생생하게 형상화했으며, 이 작품은 훗날 그의 종교적 각성과 철학적 사유로 나아가는 중요한 디딤돌이 되었다.

이 시절의 위기는 톨스토이에게 말할 수 없는 괴로움을 안겨주었지만, 동시에 그의 사상적 도약과 영혼의 성숙을 끌어낸 결정적 순간이기도 했다. 이 시련을 거치면서 그는 삶과 사회의 본질적 문제들을 더욱 깊이 성찰할 수 있게 되었고, 이는 나중에 그의 종교적 회심과 사회 변혁을 향한 열정의 밑바탕이 되었다.

7. 정신적 위기와 종교적 전환(1877-1883)

7.1 실존적 위기와 회의

『안나 카레니나』를 완성한 이후 톨스토이에게 찾아온 것은 예기치 못한 영혼의 암흑이었다. 반백의 나이에 문학적 성취와 귀족적 지위, 화목한 가정이라는 삼박자를 갖춘 그였지만, 이 모든 것들이 마음속 깊은 곳의 텅 빈 곳을 채워주지는 못했다. 오히려 외적 완성도가 높아질수록 존재론적 의문은 더욱 날카롭게 그의 가슴을 파고들었고, 인간이라는 존재 자체에 대한 근본적 회의가 그를 사로잡았다.

이 절망적 시기의 내면을 기록한 『참회록』(1879-1882)에서 그는 영혼의 가장 깊은 곳에서 울려 나오는 외침을 담았다. "내가 무엇을 위해 살고 있는가? 내가 죽으면 무엇이 남을 것인가? 내 삶의 의미는 무엇인가?" 이런 물음들은 단순한 사색의 차원을 넘어 그를 우울의 나락과 자기 파괴적 충동으로 몰아넣었다. 일기장에 남긴 "로프를 보면 목을 매고 싶고, 총을 보면 자신을 쏘고 싶고, 높은 곳에 서면 뛰어내리고 싶다"라는 절규는 한 영혼이 겪을 수 있는 가장 처절한 고통의 증언이었다.

이러한 실존적 위기는 문학적 명성이나 가족의 따스함, 물질적 여유로는 해소될 수 없는 존재의 공허에서 기인했다. 그가 몸담고 있던 귀족 사회와 정교회, 국가 권력이라는 기성 체제의 모든 기둥이 그의 시야에서 흔들리기 시작했다. 이들이 내세우는 가치와 의미의 체계는 그의 영혼이 목말라하는 진실한 해답을 제공하지 못했기 때문이었다.

시대를 지배하던 과학적 합리주의와 실증주의적 세계관 또한 그에게는 명백한 한계를 드러냈다. 아무리 정밀한 과학적 분석과 논리적 추론이라 할지라도, 삶의 궁극적 목적과 죽음 이후의 세계, 선악의 절대적 기준과 같은 인간 존재의 핵심 질문들 앞에서는 무력할 수밖에 없음을 간파했다. 이런 통찰은 그를 더욱 치열한 정신적 탐구의 길로 이끌었다.

톨스토이를 가장 깊이 괴롭힌 것은 자신의 삶에 뿌리박힌 근본적 모순이었다. 천부적 문학적 재능과 귀족 출신이라는 혜택이 가져다준 온갖 특권들을 누리면서도, 그 특권들이 농노들의 희생과 불공정한 사회 질서 위에 구축된 것임을 뼈아프게 자각했다. 이 도덕적 딜레마는 그의 양심에 끊임없는 가책을 안겨주었고, 자신을 향한 무자비한 성찰과 비판으로 발전했다. 이러한 내적 격동은 마침내 그의 전 생애를 뒤바꾸는 급진적 변화의 출발점이 되었다.

7.2 종교적 탐구와 새로운 신앙의 발견

마음속 깊은 위기를 해결하기 위해 톨스토이는 종교라는 새로운 길로 발걸음을 옮겼다. 처음에는 러시아 정교회에서 구원의 실마리를 찾으려 했지만, 교회의 형식적인 의례와 경직된 교리, 그리고 권력과 손잡은 추악한 모습을 목격하며 깊은 환멸을 느꼈다. 교회의 허식적인 의식과 교리들이 예수가 전하고자 했던 본래의 메시지와는 동떨어져 있다고 여겼으며, 특히 교회가 전쟁과 사형, 그리고 사회의 불평등을 신의 뜻인 양 정당화하는 모습에 분노하지 않을 수 없었다.

그 대신 그는 복음서, 특히 산상수훈으로 시선을 돌려 예수의 가르침 자체에서 직접적인 깨달음을 얻기 시작했다. 복음서를 한 구절 한 구절 치밀하게 연구하고, 여러 언어로 번역된 성경들을 꼼꼼히 비교 분석하면서, 자신만의 독특한 복음서 해석을 만들어 나갔다.

톨스토이가 복음서를 바라보는 시각은 남달랐다. 교회의 권위나 성례전, 기적에 관한 이야기들을 모두 거부하고, 오직 예수의 윤리적 가르침에만 온 마음을 쏟았다. 비폭력의 정신, 소박한 삶의 자세, 모든 사람에 대한 조건 없는 사랑이야말로 그가 추구하는 진리였다. 그에게 참된 기독교는 거대한 종교 기관이 아니라 하루하루를 어떻게 살아가느냐의 문제였다.

그가 특별히 가슴에 새긴 예수의 가르침들이 있었다. "악에 대항하지 말라"는 비폭력과 비저항의 원칙, "네 이웃을 너 자신처럼 사랑하라"는 보편적 사랑과 형제애의 정신, "모든 것을 버리고 나를 따르라"는 단순한 삶과 물질적 소유에 대한 거부, "맹세하지 말라"는 진실성과 진정성의 추구, 그리고 "적을 사랑하라"는 보편적 용서와 화해의 메시지였다.

톨스토이는 이러한 가르침들이 단순한 이상이 아니라 실제 삶에서 그대로 실천되어야 할 구체적 지침이라고 굳게 믿었으며, 이를 자신의 일상에 적용하기 위해 끊임없이 노력했다. 이런 가르침을 따라 사는 것이야말로 인간을 참다운 행복과 평안으로 이끌어줄 유일한 길이라는 확신을 품고 있었다.

그는 또한 동양의 종교들, 특히 불교와 도교의 지혜에도 마음을 열었으며, 이처럼 다양한 종교적 영향들이 어우러져 그만의 독창적인 신앙 체계가 만들어졌다. 모든 종교에서 공통으로 발견되는 도덕적 진리를 찾아내고자 했으며, 이를 '보편적 종교' 또는 '진정한 기독교'라고 이름 붙였다.

톨스토이의 종교적 탐구는 단순한 지적 호기심이나 위기를 모면하기 위한 임시방편이 아니었다. 그것은 진정한 삶의 의미와 목적을 찾기 위한 온 존재를 걸고 한 간절한 노력이었다. 이러한 탐구의 여정을 통해 그는 자신의 내적 갈등을 치유하고, 새로운 삶의 방향을 발견할 수 있었다.

7.3 『참회록』과 톨스토이의 새로운 사상

1879년부터 1882년까지 쓰여진 『참회록』은 톨스토이의 정신적 위기와 종교적 회심을 기록한 자전적 에세이다. 이 작품에서 그는 자신의 과거 생활과 작품을 비판적으로 성찰하고, 새로운 삶의 방식과 신앙을 모색하는 과정을 솔직하게 기록했다.

『참회록』은 톨스토이의 위기와 회심 과정을 다섯 단계로 묘사한다. 성공과 명성의 공허함에 대한 인식, 죽음과 삶의 의미에 관한 질문, 과학과 철학에서 해답을 찾으려는 시도와 그 실패, 신앙을 통한 해답의 모색, 그리고 진정한 신앙의 발견과 새로운 삶의 시작이 그것이다.

이 작품에서 톨스토이는 자신의 문학적 성공, 귀족적 생활 방식, 그리고 세속적 야망을 강하게 비판했다. 그는 이전의 삶을 "헛되고 사악하며 자기중심적"이었다고 규정했다. 특히 그는 자신이 문학 활동을 통해 추구했던 명성과 칭찬이 결국 허영심의 발로였다고 자책했다.

『참회록』 이후 톨스토이는 일련의 종교적, 철학적 저술을 통해 자신의 새로운 사상을 체계화했다. 주요 저작으로는 『나의 신앙은 어디에 있는가』(1884), 『신의 나라는 너희 안에 있다』(1893), 『예술이란 무엇인가』(1897) 등이 있다. 이 저작들에서 그는 자신의 종교적, 사회적, 윤리적 견해를 상세히 전개했다.

그의 주요 주장들을 살펴보면 다음과 같다. 첫째, 비폭력과 사랑의 원칙이다. 모든 폭력과 강제를 거부하고, 적에게도 사랑으로 대할 것을 강조했다. 톨스토이는 전쟁, 사형, 그리고 모든 형태의 폭력을 강력히 반대했다. 둘째, 단순한 삶의 추구다. 물질적 소유와 사치를 버리고 소박하게 살 것을 주장했다. 그는 자신의 귀족적 생활 방식을 점차 버리고, 농부처럼 단순하게 살려고 노력했다. 셋째, 육체노동의 의무다. 모든 사람은 자신의 손으로 노동할 의무가 있다고 여겼다. 그는 농사일, 목공, 신발 수선 등의 육체노동을 직접 실천했다. 넷째, 정부와 교회의 거부였다. 모든 강제적 권위 기관을 거부하고, 양심에 따라 살 것을 주장했다. 그는 국가의 법과 교회의 교리보다 개인의 양심과 도덕적 판단을 우선시했다. 마지막으로 재산의 공유를 내세웠다. 토지는 모든 사람에게 속하며, 사유 재산은 불의의 원천이라고 보았다. 그는 토지 소유권의 폐지와 공동체적 삶의 방식을 주장했다.

이러한 급진적 사상은 '톨스토이주의'로 알려지게 되었으며, 러시아 내외의 많은 추종자를 끌어모았다. 톨스토이의 사상은 후에 간디의 비폭력 저항 운동과 20세기의 다양한 사회 운동에 영향을 미쳤다.

톨스토이의 종교적 전환은 그의 삶과 작품에 근본적인 변화를 불러왔다. 그는 이제 문학을 예술을 위한 예술이 아니라, 도덕적, 종교적 진리를 전달하는 수단으로 보기 시작했으며, 이는 그의 후기 작품의 성격과 주제에 깊은 영향을 미쳤다.

7.4 가족과의 갈등과 사회적 반응

톨스토이의 종교적, 철학적 전환은 그의 가족 관계, 특히 아내 소피아와의 관계에 깊은 상처를 남겼다. 소피아는 톨스토이의 급진적인 사상과 생활 방식의 변화에 말할 수 없는 불안과 반감을 품게 되었다. 대가족의 생계와 자녀들의 미래를 걱정하는 그녀에게 톨스토이의 재산 포기 의사와 단순한 삶에 대한 열망은 가족의 안정 기반을 뿌리째 흔드는 위험한 발상으로 여겨졌다.

갈등의 핵심에는 톨스토이 작품에 대한 출판권과 유산 문제가 도사리고 있었다. 톨스토이는 모든 저작권을 공공에 귀속시키고 싶어 했지만, 소피아는 가족의 경제적 안정을 위해 이를 결사적으로 반대했다. 그녀는 톨스토이의 작품을 출판하고 관리하는 일에 온 정성을 쏟았으며, 이를 가족의 생명줄과도 같은 중요한 수입원으로 여겼다.

더욱이 톨스토이의 추종자들, 특히 블라디미르 체르트코프의 영향력에 대해 소피아는 견딜 수 없는 질투와 불안에 시달렸다. 그녀는 체르트코프가 톨스토이에게 지나친 영향력을 행사하며, 그를 가족의 품에서 점점 멀어지게 만든다고 확신했다.

이러한 갈등은 톨스토이 가정의 분위기를 돌이킬 수 없이 악화시켰다. 소피아는 종종 극심한 히스테리와 우울증의 늪에 빠져들었고, 톨스토이 역시 가족의 절박한 요구와 자신의 도덕적 신념 사이에서 찢어지는 듯한 고통을 겪었다. 그는 자신의 종교적 이상을 온전히 실천하는 것과 가족에 대한 책임 사이에서 차마 선택할 수 없는 딜레마에 사로잡혔다.

사회적으로도 톨스토이의 급진적 견해는 격렬한 찬반 논란을 불러일으켰다. 러시아 정교회는 그의 비정통적인 종교 해석과 교회 비판에 격분했으며, 결국 1901년에 그를 파문이라는 극단적 처벌로 응답했다. 정부 당국 또한 그의 정치적 견해, 특히 국가 권위에 대한 신랄한 비판을 경계했으며, 그의 일부 저작은 검열되거나 출판이 금지되었다.

그러나 동시에 톨스토이의 사상은 러시아와 해외에서 수많은 추종자들의 마음을 사로잡았다. '톨스토이주의자'라고 불리는 이들은 그의 비폭력, 단순한 삶, 토지 공유, 그리고 종교적 진정성의 이상을 현실에서 구현하려고 애썼다. 러시아 각지에 톨스토이주의 공동체들이 하나둘 세워졌으며, 그의 사상은 특히 젊은 지식인들과 개혁 성향의 사람들 사이에서 폭발적인 영향력을 발휘했다.

톨스토이의 세계적 명성과 도덕적 권위는 그를 정부의 직접적인 탄압으로부터 지켜주었지만, 그의 주변 인물들, 특히 그의 추종자들은 끊임없는 감시와 박해에 시달려야 했다. 그럼에도 불구하고 톨스토이는 사회 개혁과 도덕적 쇄신을 향한 자신의 메시지를 전파하는 일을 멈추지 않았으며, 이는 그의 삶의 마지막 순간까지 이어졌다.

8. 후기 작품과 사회적 활동(1883-1910)

8.1 후기 문학 작품의 특징

종교적 전환 이후 톨스토이의 문학 작품은 확연한 변모를 겪게 되었다. 그는 순수 예술보다는 도덕적, 교훈적 메시지 전달에 온 마음을 쏟았으며, 민중을 위한 단순하고 직접적인 문체를 추구했다.

이 시기의 주요 작품으로는 단편 『이반 일리치의 죽음』(1886), 『크로이체르 소나타』(1889), 장편 『부활』(1899) 등이 있다. 이 작품들은 모두 도덕적, 종교적 주제를 다루며, 특히 현대 사회의 위선과 부패, 인간의 죽음과 구원의 문제를 깊이 탐구한다.

『이반 일리치의 죽음』은 평범한 판사인 이반 일리치가 불치병에 걸린 후 죽음을 마주하며 자신의 삶을 되돌아보는 이야기다. 이 작품에서 톨스토이는 죽음의 현실, 사회적 관습의 공허함, 그리고 진정한 삶의 의미에 대한 깊은 성찰을 담아냈다. 이반 일리치는 죽음을 앞두고서야 자신이 살아온 삶이 공허하고 인위적이었다는 것을 깨닫고, 마지막 순간에 참된 사랑과 용서를 통해 영적 구원을 경험한다.

『크로이체르 소나타』는 결혼과 성적 욕망에 대한 급진적인 비판을 담고 있다. 이 작품에서 톨스토이는 아내를 살해한 남자의 고백을 통해 성적 욕망의 파괴적 본성과 현대 결혼제도의 위선을 비판한다. 그는 진정한 그리스도인은 완전한 금욕을 실천해야 한다는 극단적인 주장을 펼치며, 이는 그의 후기 종교 사상의 극단적 측면을 보여준다.

『부활』은 톨스토이의 마지막 장편소설로, 그의 종교적, 사회적 사상이 가장 완전하게 표현된 작품이다. 이 소설은 귀족 네흘류도프가 자신이 과거에 유혹하여 버린 하녀 카츄샤가 매춘부가 되어 살인 혐의로 재판받는 것을 목격하면서 시작된다. 네흘류도프는 자신의 죄를 깨닫고 카츄샤를 구하려 노력하며, 이 과정에서 러시아의 사법 제도, 감옥 시스템, 그리고 사회적 불의를 직접 경험한다. 이 작품에서 톨스토이는 사회 제도의 부패, 개인의 도덕적 책임, 그리고 종교적 회심과 구원의 가능성을 탐구한다.

또한 그는 민중을 위한 단순한 도덕적 우화들을 많이 썼는데, 『사람은 무엇으로 사는가』, 『어디에 사랑이 있는 곳에 신이 있다』, 『세 개의 질문』 등이 대표적이다. 이 우화들은 복음서의 가르침을 단순하고 직접적인 방식으로 전달하며, 사랑, 용서, 자기희생의 가치를 강조한다.

톨스토이의 후기 작품은 예술적 복잡성과 심리적 깊이 면에서 초기 대작들에 비해 단순화되었다는 비판을 받기도 했다. 그러나 이 작품들은 도덕적 진지함, 사회 비판의 예리함, 그리고 인간 존재의 근본 문제에 대한 깊은 통찰력으로 여전히 문학적 가치를 인정받고 있다.

8.2 사회 비판과 도덕적 가르침

후기 톨스토이는 사회 비판가이자 도덕적 교사로서의 역할에 집중했다. 그는 글과 행동을 통해 당시 러시아 사회의 부조리와 불의를 비판했으며, 도덕적 쇄신과 사회 개혁을 위한 메시지를 적극적으로 전파했다.

그는 국가의 폭력, 교회의 위선, 법원의 부패, 부자들의 착취, 전쟁의 잔혹함 등을 신랄하게 비판했다. 특히 러시아 정교회에 대한 그의 비판은 결국 1901년 그가 파문되는 결과를 낳았다. 그는 교회가 국가 권력과 결탁하여 복음의 진정한 가르침을 왜곡하고, 사회적 불의를 정당화한다고 비난했다.

1880년대와 1890년대에 러시아는 심각한 기근을 경험했으며, 톨스토이는 이 시기에 기근 구호 활동에 적극적으로 참여했다. 그는 직접 기근 지역을 방문하여 구호소를 설립하고, 식량과 의료 지원을 조직했다. 또한 그는 기근의 원인이 된 사회적, 경제적 불평등을 비판하는 글을 발표했으며, 이는 당시 러시아 사회에 큰 반향을 일으켰다.

톨스토이는 또한 군국주의와 전쟁에 강력히 반대했다. 러일전쟁(1904-1905)과 같은 국제 분쟁이 발생했을 때, 그는 평화와 비폭력을 호소하는 강력한 메시지를 발표했다. 그의 에세이 "전쟁과 징병제에 대하여"(1904)는 전쟁의 비도덕성과 군사 징집의 부당함을 비판했으며, 국제적인 주목을 받았다.

그는 또한 대지주로서 자신의 특권적 지위에 대해 깊은 죄책감을 느꼈으며, 농민들에게 토지를 분배하고 단순한 삶을 실천하려 했다. 그는 자신의 토지를 농민들에게 나누어 주려 했으나, 가족(특히 아내 소피아)의 반대로 인해 이 계획은 완전히 실현되지 못했다. 대신 그는 자신의 생활 방식을 단순화하려 노력했으며, 농부들처럼 옷을 입고, 육체노동에 참여하고, 채식주의와 금주를 실천했다.

톨스토이의 급진적인 신념은 가족, 특히 아내 소피아와의 갈등을 초래했다. 소피아는 톨스토이의 명성과 저작권이 가족의 중요한 재산이라고 여겼으며, 그의 재산 포기 의사와 단순한 삶에 대한 열망이 가족의 미래를 위험에 빠뜨린다고 우려했다. 이러한 갈등은 그들의 말년에 심각한 긴장과 불화를 초래했다.

그럼에도 불구하고 톨스토이는 자신의 신념에 따라 살려고 노력했으며, 그의 도덕적 가르침과 사회 비판은 많은 사람에게 영감을 주었다. 그는 전 세계의 지식인들, 개혁가들, 그리고 평화 활동가들과 서신을 교환했으며, 그의 사상은 간디, 마틴 루터 킹 주니어와 같은 20세기의 비폭력 운동가들에게 큰 영향을 미쳤다.

8.3 국제적 영향력과 톨스토이의 명성

후기 톨스토이는 국제적인 명성을 얻어 전 세계적으로 영향력 있는 사상가로 우뚝 섰다. 그의 문학 작품과 사회적, 종교적 저술은 여러 언어로 번역되어 널리 읽혔으며, 그의 사상에 영감을 받은 '톨스토이 공동체'가 러시아와 해외에 하나둘 세워졌다.

톨스토이는 야스나야 폴랴나에서 전 세계에서 찾아오는 방문객들을 맞이했으며, 셀 수 없이 많은 편지를 통해 지구 곳곳의 추종자들과 정신적 교류를 이어갔다. 그는 당시 세계적인 명사들과 서신을 주고받았으며, 사회 개혁, 평화 운동, 교육 개혁 등 다양한 주제에 대한 자신의 견해를 나누었다.

특히 모한다스 간디는 톨스토이의 비폭력 사상에 깊은 감화를 받았으며, 두 사람은 서신을 통해 마음을 나누었다. 간디는 톨스토이를 자신의 소중한 정신적 스승 중 한 명으로 받들었으며, 그의 사상 특히 비폭력 저항, 단순한 삶, 정의로운 사회에 대한 비전을 인도 독립운동에 적용했다. 톨스토이의 『천국은 네 안에 있다』는 간디의 사티아그라하 운동의 중요한 영감이 되었다.

러시아 내에서도 톨스토이는 사회 개혁과 정치적 변화를 갈망하는 이들의 정신적 등대 역할을 했다. 그는 교회와 국가의 권위에 과감히 도전하는 급진적 사상가였지만, 당시 정부는 그의 국제적 명성 때문에 그를 직접적으로 탄압하지 못했다. 대신 정부는 그의 저작에 대한 검열과 그의 추종자들에 대한 감시로 대응했다.

톨스토이는 또한 동물권, 채식주의, 금주, 환경 보호 등 다양한 윤리적 문제에 대해서도 시대를 앞서가는 혜안을 보였다. 그는 자신의 삶에서 이러한 원칙들을 몸소 실천하려 애썼으며, 이는 후대의 환경 운동과 동물 권리 운동에 귀중한 씨앗이 되었다.

그의 문학적 영향력 역시 헤아릴 수 없을 만큼 컸다. 톨스토이의 심리적 사실주의, 도덕적 깊이, 그리고 사회 비판은 20세기 문학에 지울 수 없는 흔적을 남겼다. 토마스 만, 마르셀 프루스트, 제임스 조이스, 버지니아 울프 등 수많은 현대 작가가 톨스토이의 영향을 인정했으며, 그의 작품은 세계문학의 중요한 이정표가 되었다.

톨스토이의 교육 이론과 실천 또한 20세기 진보적 교육 운동에 깊은 자취를 남겼다. 그의 학생 중심, 경험 기반 교육 철학은 존 듀이와 같은 교육 철학자들의 사상과 깊이 호응하며, 현대 교육 이론 발전에 소중한 기여를 했다.

이렇듯 톨스토이는 작가, 사상가, 사회 개혁가로서 문학, 종교, 교육, 사회 운동 등 다양한 영역에 걸쳐 국제적인 영향력을 발휘했으며, 그의 사상과 작품은 오늘날까지도 세계적으로 연구되고 논의되고 있다.

9. 마지막 나날과 유산(1910-)

9.1 가족과의 갈등과 야스나야 폴랴나 탈출

톨스토이의 후기 삶은 그의 급진적 신념과 가족의 현실적 필요 사이의 끝없는 갈등으로 얼룩졌다. 특히 아내 소피아는 그의 재산 포기 의사와 단순한 삶에 대한 열망에 완강하게 맞섰다.

소피아는 대가족의 생계와 자녀들의 미래를 한시도 놓지 못했으며, 톨스토이의 작품에 대한 출판권과 유산 문제를 두고 갈등의 불씨는 걷잡을 수 없이 번져갔다. 소피아는 톨스토이의 원고를 정리하고 출판하는 일에 평생을 바쳤으며, 이 작품들이 가족의 경제적 안정을 떠받치는 소중한 기둥이라고 여겼다.

특히 문제가 된 것은 톨스토이의 유언장이었다. 그는 1909년에 비밀리에 유언장을 작성하여 자신의 작품에 대한 저작권을 공공 영역으로 넘기고, 자신의 원고와 일기를 가장 가까운 추종자인 블라디미르 체르트코프에게 맡기기로 했다. 이 유언장은 소피아에게 알려지지 않았으며, 그녀는 이를 의심하고 톨스토이의 서랍과 서류를 뒤지며 불안해했다.

또한 톨스토이의 추종자들, 특히 체르트코프의 영향력에 대해 소피아는 견딜 수 없는 질투와 불안에 사로잡혔다. 체르트코프는 톨스토이의 가장 열성적인 추종자로, 그의 저작을 편집하고 출판하는 역할을 맡았다. 소피아는 체르트코프가 톨스토이에게 지나친 영향력을 행사하고, 그를 가족의 품에서 점점 멀어지게 만든다고 여겼다.

이러한 긴장은 1910년 가을에 폭발점에 도달했다. 소피아는 히스테리 발작과 자살 위협으로 톨스토이를 심리적으로 압박했으며, 톨스토이는 깊은 우울과 절망의 구렁텅이에 빠져들었다. 그는 일기에 "나는 더 이상 이렇게 살 수 없다"라고 기록했다.

결국 1910년 10월 28일, 82세의 톨스토이는 의사 두샨 마코비츠키와 함께 야스나야 폴랴나를 떠났다. 톨스토이는 동생이 살던 샤마르디노 수도원으로 발걸음을 옮겼으며, 그곳에서 이틀 후 막내딸 알렉산드라와 재회한 후 노보체르카스크를 거쳐 캅카스나 불가리아로 가서 남은 생을 보내려는 계획을 세웠다. 그러나 그는 여행 중 폐렴에 걸려 건강이 급격히 악화되었고, 결국 아스타포보 기차역 근처의 역장 집에서 병으로 쓰러져 10일 만에 세상을 떠났다.

9.2 톨스토이의 죽음과 장례

톨스토이는 여행 중 아스타포보 기차역 근처에서 폐렴에 걸려 1910년 11월 7일 오전 6시 5분에 세상을 떠났다. 그의 마지막 순간에는 가족들과 친구들, 그리고 전 세계에서 달려온 기자들이 지켜보고 있었다.

소피아는 남편의 병세 소식을 듣고 아스타포보로 급히 달려왔지만, 톨스토이의 추종자들은 그녀가 남편을 면회하는 것을 가로막았다. 그녀는 톨스토이가 숨을 거둔 후에야 비로소 그의 침대 곁에 잠시 앉을 수 있었다.

 톨스토이의 죽음은 전 세계를 뒤흔드는 소식이 되었으며, 러시아 전역에서 애도의 물결이 거세게 일어났다. 아스타포보 기차역은 순식간에 세계 언론의 주목을 받는 중심지가 되었으며, 러시아와 해외에서 수많은 애도 메시지가 쏟아져 들어왔다.

 톨스토이는 자신의 간절한 바람에 따라 야스나야 폴랴나의 숲속에 검소하게 묻혔다. 그의 묘지는 그가 어린 시절 "행복의 비밀"이 숨겨져 있다고 믿었던 '녹색 지팡이'의 전설이 깃든 장소에 자리 잡고 있다. 그의 묘지에는 비석조차 없으며, 단순한 흙무덤만이 고요히 남아 있다. 이는 그의 단순함과 겸손함에 대한 신념을 그대로 보여주는 상징이다.

 정부와 교회는 공식적인 장례식을 허용하지 않았지만, 수천 명의 사람이 자발적으로 모여들어 그를 추모했다. 이는 톨스토이가 공식 권위를 거부하고 민중의 사랑을 받았던 삶의 마지막 상징적 표현이었다.

제2장 『전쟁과 평화』: 창작 배경과 현대적 의의

1. 창작 배경과 의의

1.1 작품의 탄생 과정

『전쟁과 평화』는 1863년부터 1869년까지 레프 톨스토이가 온 영혼을 쏟아 빚어낸 불멸의 걸작이다. 처음 톨스토이의 마음을 사로잡은 것은 데카브리스트 반란과 그 숭고한 의지를 품었던 이들의 삶이었지만, 창작의 여정은 자연스럽게 1812년 조국을 위협한 나폴레옹의 침입으로 시선을 돌리게 했다. 톨스토이는 진실된 이야기를 써 내려가기 위해 모스크바와 페테르부르크의 먼지 쌓인 문서보관소를 직접 찾았고, 그곳에서 역사의 숨결이 담긴 무수한 자료들과 마주했다. 전장을 누빈 이들의 생생한 회고록과 일기, 그리고 사랑하는 이에게 띄운 편지들까지 하나하나 꼼꼼히 들여다보며 시대의 진정한 목소리를 찾아 나갔다.

크림 전쟁의 쓰라린 패배가 남긴 상처 속에서 러시아는 자신의 정체성을 되묻고 있었다. 알렉산드르 2세의 개혁 정신이 불어오는 가운데, 러시아는 과거의 영광과 미래의 가능성 사이에서 새로운 길을 모색하고 있었다. 바로 이런 시대적 갈망 속에서 톨스토이는 러시아 민족이 품고 있는 정신적 뿌리를 찾고자 했고, 나폴레옹과의 대결이라는 거대한 역사적 무대 위에서 한 민족의 운명과 개개인의 삶이 어떻게 얽혀 있는지 깊이 탐구했다.

『전쟁과 평화』는 단순한 역사소설이 아니라, 19세기 러시아의 정신적, 문화적 발전을 총체적으로 담아낸 국민 서사시"라고 평가된다. 이 작품은 세상에 모습을 드러낸 순간부터 러시아는 물론 전 세계 독자들의 마음을 사로잡았고, 오늘날까지도 인류 정신의 보물로 여겨지고 있다.

1.2 작품의 장르와 구조

『전쟁과 평화』는 기존의 장르 경계를 과감히 넘나드는 독특한 작품이다. 톨스토이 자신도 이 작품을 소설이라 규정하는 것을 단호히 거부하며 "이것은 소설도, 서사시도, 역사서도 아니다"라고 선언했다. 이 거대한 문학적 성취는 역사의 기록과 철학적 성찰, 가문의 연대기와 인간 내면의 탐구, 그리고 서사시적 웅장함을 하나로 아우르는 전에 없던 형태의 텍스트였다.

『전쟁과 평화』의 구조는 두 개의 큰 축을 중심으로 정교하게 짜여있다. 나폴레옹 전쟁이라는 역사의 거대한 물결이 한 축을 이루고, 볼콘스키와 로스토프, 베주호프, 쿠라긴 등 주요 귀족 가문들의 희로애락이 또 다른 축을 형성한다. 이 두 차원은 마치 운명의 실처럼 서로 얽히고설키며 하나의 완전한 직조물을 만들어낸다.

작품은 4권으로 구성되어 있으며, 역사의 시간 흐름을 따라 차근차근 펼쳐진다. 1805년 오스테를리츠의 쓰라린 패배에서 시작하여 1812년 모스크바가 불타오르던 순간과 프랑스군이 쫓기듯 물러나던 장면을 거쳐, 1820년까지의 여운을 담아낸다. 톨스토이는 철저한 사실 고증 위에 허구의 인물들을 살아 숨 쉬게 만들어 역사와 문학의 경계를 허물어버렸다.

무엇보다 주목할 부분은 톨스토이가 제시한 혁신적인 역사 인식이다. 그는 몇몇 영웅이 역사를 좌우한다는 전통적 사관을 정면으로 부정하고, 역사란 개인의 의도나 계획이 아닌 무수한 사람들의 집단적 움직임과 인간이 완전히 파악할 수 없는 거대한 힘에 의해 만들어진다고 보았다. 이런 깊은 통찰은 작품 곳곳에 스며든 철학적 사유를 통해 드러나며, 나폴레옹과 쿠투조프 같은 실존 인물들을 그려내는 방식에서 특히 빛을 발한다.

『전쟁과 평화』의 진정한 혁신은 역사와 개인의 삶을 유기적으로 연결하는 방식에 있다고 평가되는데, 톨스토이는 거대한 역사적 사건이 평범한 인간들의 삶에 어떻게 영향을 미치는지, 그리고 역으로 개인들의 선택이 어떻게 역사의 흐름에 기여하는지를 보여준다"라고 분석했다.

2. 주요 인물과 주제 분석

2.1 중심인물들의 성격과 발전

『전쟁과 평화』에는 580여 명의 인물이 숨 쉬고 있지만, 그중에서도 몇몇 핵심 인물들이 이야기의 중심축을 이루며 독자들의 마음을 사로잡는다. 이들은 단순히 작가의 상상 속에서 태어난 허구적 존재가 아니라, 우리와 같은 고민과 아픔을 겪으며 성장해가는 진짜 인간의 모습을 보여준다.

안드레이 볼콘스키 공작은 날카로운 지성과 뜨거운 야망을 품은 귀족으로, 처음에는 나폴레옹을 우러러보며 전장에서 명예로운 승리를 꿈꾸었다. 하지만 오스테를리츠 전투에서 땅에 쓰러져 상처 입은 몸으로 하늘을 올려다본 그 순간, 영원함과 죽음의 신비 앞에서 깊은 깨달음을 얻게 된다. 이 장면은 소설의 가장 감동적인 순간 중 하나로 여겨진다.

위에는 높고 무한한 하늘만이 있었다. 구름 한 점 없이 맑고 푸른 무한한 하늘이... 이 무한한 하늘과 비교하면 그가 지금까지 보았던 모든 것, 그리고 지금 일어나고 있는 모든 것이 얼마나 하찮은 것인가! '그렇다, 모든 것이 공허하고, 모든 것이 기만이다. 이 무한한 하늘 외에는...' 그는 생각했다.

　안드레이는 나타샤 로스토바와 나눈 순수한 사랑, 보로디노 전투에서 입은 치명적인 상처, 그리고 마지막 숨을 거두는 순간까지 이어지는 여정 속에서 진정한 내적 평안과 용서의 의미를 깨닫게 된다. 그의 삶은 세속적 영광을 향한 갈망에서 시작하여 마음의 평화에 이르는 영혼의 순례를 보여준다.
　피에르 베주호프는 부유한 백작의 혈육이지만 정식 후계자가 되지 못한 아들로, 삶의 방향을 찾지 못한 채 끝없이 방황하는 모습으로 우리 앞에 나타난다. 그는 프리메이슨 조직에 몸담기도 하고, 나폴레옹을 직접 제거하려는 무모한 계획을 세우기도 하며, 전쟁 포로의 쓰라린 경험을 겪기도 한다. 특히 플라톤 카라타예프라는 소박하면서도 지혜로운 농민과의 만남은 그에게 삶의 진정한 의미가 무엇인지 깨우쳐준다. 피에르의 인생 여로는 혼돈과 방황 속에서 출발하여 단순하고 진실한 삶의 가치를 발견해가는 성장의 과정을 그려낸다.
　나타샤 로스토바는 소설 초반부터 생명력 넘치는 직감과 순수함으로 독자들의 마음을 사로잡는다. 그녀는 안드레이와 맺은 약혼의 달콤함, 아나톨 쿠라긴과의 위험천만한 관계, 모스크바가 불바다가 되던 날 가족과 함께 겪은 피난의 경험을 통해 한 단계씩 성숙해간다. 나타샤는 러시아 민족이 간직한 정신적 본질을 구현한 인물로 읽힐 수 있으며, 그녀가 보여주는 자연스러운 감정과 뜨거운 열정은 인위적인 사회 관습과 선명한 대비를 이룬다.
　니콜라이 로스토프와 마리야 볼콘스카야는 상대적으로 단순해 보일 수 있지만, 이들의 이야기는 러시아 귀족 사회가 지닌 또 다른 면모를 생생하게 드러낸다. 니콜라이는 의리와 충성을 생명처럼 여기는 군인의 모습으로, 마리야는 흔들리지 않는 종교적 믿음을 간직한 여성의 모습으로 그려진다. 이 두 사람의 결합은 러시아가 소중히 여겨온 전통적 가치들이 다음 세대로 이어지는 상징적 의미를 담고 있다.

톨스토이의 인물들은 정적인 초상화가 아니라 끊임없이 변화하는 생명체로 평가된다. 그들은 외부 사건에 반응하고, 내적으로 성장하며, 때로는 자신의 본질에 반하는 선택을 하기도 한다. 이러한 복잡성이 『전쟁과 평화』의 인물들을 문학사에서 가장 생생하고 기억에 남는 존재로 만든다는 것이 일반적인 평가다.

2.2 주요 주제와 철학적 탐구

『전쟁과 평화』는 여러 깊이 있는 주제들이 마치 복잡한 태피스트리처럼 정교하게 짜여있는 작품이다. 이러한 주제들은 등장인물들이 겪는 생생한 경험과 역사적 사건들의 흐름을 통해 독자들의 마음 깊숙이 스며든다.

역사란 무엇이며 인간은 역사 앞에서 어떤 존재인가 하는 근본적 물음이 작품 전체를 흐르는 가장 중요한 주제다. 톨스토이는 나폴레옹 같은 몇몇 영웅들의 의지가 역사를 만든다는 통념을 단호히 거부한다. 그 대신 역사를 수많은 개인의 행동이 모여 만들어낸 결과물로 바라보며, 그 누구도 완전히 좌우할 수 없는 거대한 물줄기로 이해한다. 그가 보기에 쿠투조프 같은 뛰어난 지도자의 진정한 위대함은 역사의 흐름을 깊이 이해하고 그 자연스러운 힘에 몸을 맡기는 지혜에 있다.

자연스러움과 인위적 꾸밈 사이의 대립은 특히 인물들의 성격 묘사에서 선명하게 드러난다. 톨스토이는 본능적이고 순수한 마음을 가진 인물들인 나타샤와 플라톤 카라타예프를 계산적이고 가식적인 인물들인 엘렌 쿠라기나와 보리스 드루베츠코이와 날카롭게 대비시킨다. 그는 사회가 만들어낸 관습과 형식들이 인간이 태어날 때부터 지닌 순수한 본성을 짓누른다고 여겼으며, 꾸밈없는 자연스러움과 진실된 마음을 무엇보다 소중하게 여겼다.

가족과 공동체가 지닌 따뜻한 가치 또한 빼놓을 수 없는 중요한 주제다. 로스토프 가문이 보여주는 넘치는 애정과 화목한 분위기는 쿠라긴 가문의 차가운 이기심과 극명한 대조를 이룬다. 톨스토이는 진정한 행복이 사회적 출세나 권력 획득이 아니라 가족 간의 깊은 사랑과 공동체 안에서 나누는 의미 있는 삶에서 비롯된다는 메시지를 은은하게 전한다.

영혼의 탐구와 참된 자아 발견이라는 주제는 주로 피에르와 안드레이의 인생 여정을 통해 감동적으로 펼쳐진다. 이 두 인물은 각각 자신만의 방식으로 삶의 진정한 의미를 찾아 헤매며, 외적인 성취에서 내적인 평안으로 관심의 중심이 옮겨가는 영혼의 변화를 보여준다.

러시아 철학자 니콜라이 베르댜예프는 "톨스토이의 『전쟁과 평화』는 단순한 소설이 아니라 러시아 민족의 철학적 자기 성찰"이라고 평했다. 작품 곳곳에 스며든 철학적 사색은 톨스토이 자신이 평생에 걸쳐 품었던 도덕적이고 종교적인 고민과 깊숙이 맞닿아 있으며, 훗날 그가 겪게 될 영적 혼란과 종교적 각성의 초기 징후들을 미리 품고 있다.

3. 서사 기법과 스타일

3.1 역사와 허구의 교직

『전쟁과 평화』가 이룩한 가장 눈부신 문학적 성취 중 하나는 실제 역사의 무게와 상상 속 이야기의 생명력을 완벽하게 하나로 녹여낸 것이다. 톨스토이는 실존했던 인물들인 나폴레옹과 알렉산드르 1세, 쿠투조프와 그가 창조한 허구의 인물들인 볼콘스키, 로스토프, 베주호프 가문의 사람들을 아무런 어색함 없이 한 무대 위에서 숨 쉬게 만든다. 이들은 때로 같은 순간 같은 공간에서 서로 영향을 주고받으며, 거대한 역사적 사건과 개인의 사적인 드라마가 자연스럽게 하나의 이야기로 엮어진다.

오스테를리츠 전투 장면을 보면 톨스토이가 보여주는 이런 탁월한 기법을 명확히 확인할 수 있다. 그는 실제 역사적 사건이 펼쳐진 과정을 치밀하게 재현하면서도, 그 속에서 안드레이 볼콘스키라는 개인이 겪는 내적 변화를 통해 전투가 지닌 더 깊은 의미를 새롭게 해석해낸다. 보로디노 전투 역시 마찬가지로 역사서에서 볼 수 있는 차가운 전략적 분석과 함께, 전쟁과는 무관한 민간인 피에르의 눈으로 목격되는 극한의 혼란과 원시적 공포가 생생하게 그려진다.

러시아문학 연구자 세르게이 보차로프는 "톨스토이는 역사의 대서사와 개인의 소서사를 동시에 진행시키며, 둘 사이의 긴장과 상호작용을 통해 더 깊은 진실에 접근한다"라고 분석했다. 이런 정교한 서사 방식은 독자들로 하여금 역사적 사건을 머릿속의 추상적 개념이 아닌 살아 숨 쉬는 인간들의 절실한 경험으로 받아들이게 만든다.

3.2 내면 심리 묘사와 의식의 흐름

톨스토이가 세계 문학사에 남긴 가장 혁명적인 발견 중 하나는 인물의 내면세계를 들여다보는 독특한 시선이었다. 그는 등장인물들의 생각과 감정이 흘러가는 모습을 마치 현미경으로 들여다보듯 세밀하게 포착하며, 때로는 인물의 의식이 자연스럽게 흘러가는 그 순간들을 놓치지 않고 기록했다. 이러한 심리적 진실을 추구하는 기법은 『전쟁과 평화』가 이룬 가장 위대한 문학적 성취로 여겨진다.

작품 곳곳에 흩어져 있는 인상적인 장면들을 살펴보면 톨스토이의 이런 능력이 얼마나 탁월한지 알 수 있다. 안드레이 볼콘스키가 부상 후 천천히 의식을 되찾아가는 순간, 피에르가 프리메이슨

입회식에서 겪는 내적 변화의 과정, 나타샤가 생애 첫 무도회에서 경험하는 복잡미묘한 감정의 소용돌이 같은 장면들이 그렇다. 톨스토이는 이런 순간들을 단순히 외부 관찰자의 시선으로 묘사하지 않는다. 대신 인물의 가슴 깊숙한 곳에서 일어나는 주관적 경험을 독자가 생생하게 느낄 수 있도록 전달한다.

나타샤가 처음 참석한 무도회에서 느끼는 감정을 톨스토이는 놀랍도록 묘사한다. 그 순간 그녀는 자신이 누구인지, 어디에 있는지조차 잊어버린 채 마치 꿈속을 헤매는 듯한 상태에 빠진다. 그녀의 웃음마저도 평소의 것이 아니었다. 그녀 안에 잠들어 있던 어떤 힘이, 그녀보다 더 강한 무언가가 대신 웃고 있는 것 같았다.

문학 연구자들은 톨스토이의 심리 묘사가 단순한 문학적 수사법을 넘어선다고 평가한다. 그것은 인간 의식의 본질에 대한 깊이 있는 철학적 탐구라는 것이다. 톨스토이가 창조한 인물들은 자신의 감정과 생각을 완전히 이해하지 못하는 존재들이다. 그들은 종종 자신이 한 행동에 스스로 놀라기도 하고, 예상치 못한 감정의 변화에 당황하기도 한다. 바로 이런 심리적 복잡성과 모순이 『전쟁과 평화』의 인물들을 단순한 문학적 형상이 아닌 살아 숨 쉬는 진정한 인간으로 만들어낸다.

3.3 세부 묘사와 원거리 관점의 교차

톨스토이가 구사하는 서술의 기술은 마치 숙련된 화가가 붓끝을 자유자재로 움직이는 것과 같다. 그는 어떤 순간에는 한 인물의 떨리는 손가락 끝이나 목소리에 스며든 미묘한 떨림 같은 극도로 세밀한 부분에 온 신경을 집중한다. 그러다가 다음 순간에는 시야를 급격히 넓혀 수만 명의 병사가 움직이는 광활한 전장의 풍경을 한눈에 조망하는 장엄한 시각으로 독자를 이끈다.

이런 독특한 시점 전환 기법은 특히 전투 장면에서 그 진가를 발휘한다. 보로디노 전투를 그려낸 대목에서 톨스토이는 군사 전략가의 냉철한 관점에서 시작해 지휘관들이 내리는 중대한 결정들을 세밀하게 추적한다. 그런데 갑자기 시선을 돌려 최전선에서 목숨을 걸고 싸우는 개별 병사들의 생생한 경험 속으로 파고들기도 하고, 때로는 전쟁터에 우연히 발을 들여놓게 된 피에르라는 민간인의 당황스럽고 혼란스러운 시선으로 그 모든 것을 바라보게 만들기도 한다. 이렇게 다양한 층위를 끊임없이 오가며 톨스토이는 전투의 모든 면모를 총체적으로 그려낸다.

문학 연구자들은 톨스토이의 이런 독특한 서술 방식이 독자들로 하여금 익숙한 것을 완전히 새로운 시각으로 바라보게 만드는 놀라운 효과를 창출한다고 평가한다. 그는 우리가 당연하게 여기던 것들을 낯설고 신선한 모습으로 드러내어 현실에 대한 새로운 인식을 불러일으킨다. 이러한 기법은 특히 나폴레옹이나 쿠투조프 같은 역사적 인물들을 묘사할 때 놀라운 효과를 발휘한다. 톨스토이는 이들을 전설적인 영웅이나 신화적 존재가 아닌 우리와 똑같은 결점과 약점을 지닌 평범한 인간으로 묘사한다.

4. 주요 장면 분석

4.1 오스테를리츠 전투와 하늘의 발견

1805년 오스테를리츠 전투는 『전쟁과 평화』에서 인생의 급격한 전환을 의미하는 결정적 순간으로 그려진다. 이 장면에서 안드레이 볼콘스키는 나폴레옹의 눈에 띄어 인정받고 싶다는 일념으로 용맹하게 싸우다가 적의 공격에 쓰러진다. 바로 그 순간, 그는 등을 대고 누워 끝없이 펼쳐진 하늘을 바라보며 자신이 그토록 간절히 추구해온 군사적 영광이 얼마나 허무한 것인지를 깨닫게 된다.

안드레이 공작은 이해할 수 없었다. 모든 것이 특별히 이상하고 혼란스러웠다. '

이게 죽음인가?' 그는 생각했다. '아니, 나는 죽고 싶지 않아. 나는 삶을 사랑해, 이 풀과 땅과 하늘을 사랑해...' 그는 생각했다. 동시에 그는 자신이 약해지고 있음을 느꼈다. '내 다리는 왜 움직이지 않지? 내 팔은? 내 머리는?

이 순간은 단순한 전투 중 부상 장면을 넘어서서 존재의 깊은 의미를 발견하게 되는 철학적 각성의 순간으로 형상화된다. 안드레이는 무한하게 펼쳐진 하늘의 장엄함 앞에서 인간의 야망이 얼마나 하찮은 것인지, 그리고 전쟁이라는 것이 얼마나 무의미한 행위인지를 깨닫는다. 이러한 체험은 그의 인물 형상 전개에 근본적인 변화를 가져오며, 이후 그가 삶과 가치관을 완전히 재정립하게 되는 출발점이 된다.

문학 연구자들은 오스테를리츠의 하늘이 『전쟁과 평화』에서 가장 강력한 상징적 의미를 지니는 장치 중 하나라고 해석한다. 이 장면은 유한한 인간의 존재와 무한한 우주의 광대함을 극명하게 대비시키며, 톨스토이 자신이 평생에 걸쳐 고뇌했던 존재론적 질문들을 압축적으로 보여준다고 평가받는다.

4.2 나타샤의 첫 무도회

나타샤 로스토바가 생애 첫 무도회에 발을 들여놓는 순간은 『전쟁과 평화』에서 가장 생명력이 넘치는 장면들 중 하나다. 이 장면은 열여섯 살 소녀가 가슴 깊숙이 품고 있는 설렘과 불안, 기대와 두려움의 복잡한 감정들을 놀라울 정도로 섬세하게 포착했으며, 나타샤가 지닌 본질적인 생명력과 자연스러운 매력을 고스란히 드러낸다.

나타샤는 자신이 그 저녁에 가장 매력적으로 보일 것이라고 확신했다. 그녀는 그런 기분이었고, 그녀의 얼굴에서 빛나는 행복감이 그녀를 실제로 매력적으로 만들었다... 그녀는 더 이상 그해 열세 살 생일에 처음으로 긴 드레스를 입고 무도회에 갔던 그 어색한 소녀가 아니었다... 지금 그녀는 머리부터 발끝까지 여성이었고, 미소와 호흡 하나하나가 여성스러움과 매력으로 가득 차 있었다.

이 장면에서 나타샤는 안드레이 볼콘스키와 함께 왈츠를 추며 생애 처음으로 진정한 교감을 경험한다. 이는 두 인물이 훗날 맺게 될 깊은 관계를 예고하는 의미 깊은 순간이다.

문학 연구자들은 이 무도회 장면이 단순한 사교적 행사의 묘사를 넘어선다고 평가한다. 그것은 나타샤가 어린 시절을 완전히 뒤로하고 성인의 세계로 발걸음을 내딛는 상징적인 입문식이자, 동시에 러시아 귀족 사회가 지닌 화려함과 인위적 성격을 생생하게 보여주는 무대 장치이기도 하다. 톨스토이는 이 장면을 통해 사회가 요구하는 의례적 행동과 개인의 순수한 감정 사이에 존재하는 미묘한 긴장감을 깊이 탐구한다.

4.3 보로디노 전투

1812년 보로디노 전투는 『전쟁과 평화』의 핵심 장면으로, 톨스토이는 이 운명적 순간을 여러 시각에서 세밀하게 그려낸다. 특히 민간인 피에르의 눈을 통해 전쟁의 혼돈과 공포, 그리고 러시아 병사들의 집단적 용기를 생생하게 전해준다.

> 피에르는 자신이 본 모든 것에서 단 하나의 인상만을 받았다. 그것은 모든 얼굴에 새겨진 진지함이었다... 모든 이들이 자기 일을 하고 있었고, 그 일이 무엇인지 정확히 알고 있는 듯했다... 병사들은 대포를 닦고, 탄약을 나르고, 포탄을 장전했다... 그리고 그들의 얼굴에서는 어떤 걱정이나 혼란의 흔적도 보이지 않았다.

이 대목에서 톨스토이는 전투의 전략적 의미와 더불어 평범한 병사들의 체험을 소중히 다룬다. 그는 참된 영웅주의가 나폴레옹 같은 지도자의 화려한 몸짓이 아니라, 묵묵히 자신의 소임을 다하는 보통 러시아 병사들의 마음가짐에 있다고 제시한다.

톨스토이의 보로디노 전투 묘사는 19세기 러시아의 역사의식에 깊은 흔적을 남겼다. 그는 이 전투를 단순한 군사적 충돌이 아닌, 러시아 민족정신이 각성하는 결정적 순간으로 재창조했다. 이로써 후대 독자들은 전쟁의 참모습과 인간 정신의 숭고함을 동시에 목격하게 되었다.

4.4 모스크바의 화재와 피난

1812년 모스크바의 대화재와 시민들의 피난은 『전쟁과 평화』의 가장 극적인 순간을 이룬다. 톨스토이는 개인적 고통과 국가적 재앙이 겹쳐지는 이 사건을 통해 전쟁의 참혹함과 인간 정신의 불굴한 힘을 함께 드러낸다.

> 모스크바는 불타고 있었다. 9월 2일 저녁부터 도시 여기저기에서 화재가 발생했다... 불길은 바람에 따라 점점 더 퍼져나갔다. 거대한 수도는 불타는 바다였고, 주변으로는 도망치는 사람들의 검은 강이 흘렀다.

이 장면에서 로스토프 가족의 피난 과정은 개인 차원의 감동적 서사를 제공한다. 특히 나타샤가 가족의 재산보다 부상당한 러시아 병사들을 태우기 위해 마차를 비우도록 주장하는 대목은 그녀의 도덕적 각성을 선명하게 보여준다.

모스크바의 화재는 『전쟁과 평화』에서 중요한 정화의 상징으로 기능한다. 이 화재를 통해 러시아는 물질적 소유와 세속적 가치를 버리고 정신적 재생을 경험한다. 톨스토이에게 이 사건은 러시아의 영적 승리가 시작되는 결정적 전환점을 의미한다.

5. 작품의 역사적, 문학적 수용과 영향

5.1 러시아 내에서의 수용

『전쟁과 평화』는 출간과 동시에 러시아 문단을 뒤흔들었다. 비평가들은 작품의 압도적인 규모와 심리적 깊이, 그리고 역사와 허구를 절묘하게 직조해낸 솜씨에 경탄했다. 특히 니콜라이 스트라호프와 이반 투르게네프 같은 당시의 권위 있는 문인들은 이 작품을 러시아문학이 도달한 최고의 경지로 받아들였다.

하지만 모든 목소리가 찬사로 이어진 것은 아니었다. 일부 역사학자들은 톨스토이가 역사적 사실을 작가적 상상으로 재단했다고 날카롭게 지적했으며, 보수주의 진영의 비평가들은 그의 파격적인 역사 해석과 기존 권위에 대한 도전적 시선에 강한 거부감을 드러냈다. 무엇보다 톨스토이가 나폴레옹과 알렉산드르 1세를 냉정하게 해부한 시각은 격렬한 논란의 중심이 되었다.

소련 시대로 접어들면서 『전쟁과 평화』는 러시아 민족혼의 숭고한 발현으로 공식 인정받는 영예를 누렸다. 국가 교육과정의 핵심 텍스트로 자리 잡으며 모든 소련 청년들이 반드시 접해야 할 정신적 자산이 되었다. 특히 제2차 세계대전의 비극적 시기에는 파시스트 침략에 맞서는 애국 의지를 불러일으키는 강력한 정신적 무기로 활용되었다.

현대 러시아에서도 『전쟁과 평화』는 변함없이 국민 문학의 보석으로 여겨진다. 2003년부터 2005년까지 러시아 텔레비전에서 선보인 대작 드라마 시리즈는 이 작품에 대한 끊임없는 사랑을 증명했으며, 수많은 현대 러시아 작가들이 자신의 창작 여정에서 톨스토이의 거대한 그림자를 인정하고 있다.

5.2 세계문학으로서의 위치

『전쟁과 평화』는 문화와 언어의 장벽을 뛰어넘어 인류 공동의 정신적 유산이 되었다. 19세기 말 처음 서구에 소개된 이래로 끊임없는 번역과 재해석을 거치며 각 시대가 요구하는 새로운 의미를 생성해왔다. 오늘날에도 젊은 번역가들이 도전적인 시도를 멈추지 않는 것은 이 거대한 텍스트가 품고 있는 무한한 가능성 때문이다.

유럽과 미국의 문학계는 톨스토이의 대서사시를 만나 충격과 경이로움에 빠졌다. 한 비평가는 이것을 예술의 경계를 벗어난 삶의 원초적 흐름이라 불렀고, 다른 이는 시작도 끝도 없이 영원히 순환하는 존재의 본질을 담았다고 경탄했다. 문학사를 논할 때 톨스토이를 정점에 놓는 것을 누구도 이상하게 여기지 않게 된 것은 바로 이런 보편적 공감 덕분이었다.

현대주의 문학의 선구자들은 톨스토이가 인간 내면의 미로를 탐험하는 방식에서 혁신적 영감을 얻었다. 프랑스와 영미 작가들이 의식의 물결을 따라가는 서술 기법을 개척할 때, 그들 앞에는 이미 톨스토이가 닦아놓은 길이 있었다. 소설이라는 장르가 지닌 표현의 한계를 뛰어넘은 이 작품은 무대와 스크린, 오페라 하우스와 텔레비전까지 진출하며 끊임없이 재탄생했다.

오늘날 문학 연구자들은 『전쟁과 평화』가 도달한 예술적 높이를 측정하는 일조차 어렵다고 고백한다. 세월이 흐를수록 더욱 선명해지는 이 작품의 광채는 톨스토이가 포착한 인간 경험의 총체성이 영구불변한 진실을 담고 있기 때문이다.

5.3 현대적 의의와 재해석

오늘날 우리가 살아가는 이 순간에도 『전쟁과 평화』는 묵직한 울림으로 젊은 영혼들의 가슴을 두드린다. 디지털 시대를 살아가는 청년들이 마주한 실존적 고민들, 그 해답의 실마리가 놀랍게도 19세기 러시아의 광활한 대지에서 태어난 이 거대한 서사시 속에 숨어있다.

톨스토이가 그려낸 인간 군상들의 고뇌와 환희, 좌절과 깨달음은 시공간을 뛰어넘어 오늘을 사는 우리에게 말을 건넨다. 나폴레옹 전쟁의 포화 속에서 삶의 의미를 묻던 피에르의 방황은, 불확실성의 시대를 헤쳐나가는 현대 청년들의 내면과 놀랍도록 닮아있다. 안드레이 공작이 하늘을 올려다보며 느꼈던 존재의 경이로움은 스마트폰 화면에 갇힌 우리의 시선을 무한한 우주로 이끈다.

최근 들어 세계 곳곳의 연구자들은 빅데이터 분석과 네트워크 이론을 활용해 작품 속 수백 명에 달하는 등장인물들의 관계망을 입체적으로 재구성하며, 톨스토이가 직조해낸 인간관계의 복잡성과 아름다움을 새롭게 조명하고 있다. 이러한 시도들은 고전이 단순히 과거의 유물이 아니라, 끊임없이 재발견되고 재창조되는 살아있는 텍스트임을 증명한다.

무엇보다 감동적인 것은, 톨스토이가 전하는 메시지가 팬데믹과 기후위기, 경제적 불평등으로 고통받는 현재의 젊은이들에게 놀라운 위로와 용기를 선사한다는 사실이다. 역사의 거대한 수레바퀴 앞에서 무력감을 느끼면서도, 동시에 각자의 자리에서 의미 있는 삶을 추구했던 작품 속 인물들의 모습은, 불안과 혼돈의 시대를 살아가는 우리 모두에게 희망의 등불이 되어준다.

제3장 『안나 카레니나』: 인간 영혼의 심연과 러시아 사회의 초상

1. 창작 배경과 의의

1.1 작품의 탄생 과정

위대한 서사시 『전쟁과 평화』를 완결한 뒤, 톨스토이는 새로운 창작의 영역을 갈구하며 방황의 시간을 보내고 있었다. 1870년대 초반, 그의 영혼은 다음 작품을 향한 갈망으로 불타올랐지만 쉽사리 방향을 찾지 못했다. 그러던 1873년 어느 봄날, 무심코 집어 든 푸시킨의 산문이 그의 내면에 잠들어 있던 창조의 불씨를 되살렸다. 소피아 톨스타야가 일기에 남긴 기록에 따르면, 1873년 3월 19일 톨스토이는 푸시킨의 간결하고도 직접적인 서술 방식에 깊은 감명을 받았다고 한다. "이렇게 써야 한다. 푸시킨은 곧바로 본론으로 들어간다"라며 감탄을 금치 못했다. 푸시킨의 미완성 작품 속에서 스쳐 지나가듯 묘사된 한 여인의 비극적 사랑 이야기가 톨스토이의 상상력을 자극했고, 이는 곧 안나 카레니나라는 불멸의 인물로 탄생하게 된다.

톨스토이는 처음에 이 새로운 작품을 "결혼한 여성의 죄"라는 명료한 주제로 짧은 중편소설 정도로 생각했다. 하지만 창작의 마법은 작가의 계획을 훌쩍 뛰어넘어 버렸다. 러시아문학 연구자들의 분석에 따르면, 톨스토이는 애초에 한 여인의 비극적 몰락만을 그리려 했지만, 펜을 들고 쓰기 시작하자 이야기는 19세기 러시아 사회 전체를 품어 안는 웅장한 서사로 자라났다.

『안나 카레니나』는 1873년부터 1877년까지 4년간의 긴 여정을 통해 세상에 모습을 드러냈다. 작품은 처음 「러시아 통보」라는 문예지에 연재되기 시작했지만, 마지막 부분은 편집진과의 사상적 갈등으로 인해 독립적으로 출간되어야 했다. 창작 과정은 험난한 산행과 같았다. 톨스토이는 끝없이 원고를 뜯어고쳤고, 연재가 진행되는 와중에도 이미 세상에 나온 부분까지 다시 손보려 했다. 그의 평생 동반자 소피아는 남편의 거의 암호 같은 필체로 휘갈겨진 원고를 여덟 번이나 정성스럽게 다시 써주어야 했다.

『안나 카레니나』를 완성하기까지 톨스토이는 무려 10개의 서로 다른 초안을 써 내려갔다. 안나의 마지막 순간을 그린 장면과 레빈의 영적 고뇌를 담은 부분은 특히 수차례 새롭게 태어났다. 이런 끝없는 개고 작업은 톨스토이가 등장인물들의 내면과 사건의 진실한 모습을 찾아내기 위해 얼마나 온 정신을 쏟아부었는지를 여실히 드러낸다.

1.2 시대적·개인적 배경

『안나 카레니나』는 1870년대 러시아 사회가 겪고 있던 격변의 시대정신을 고스란히 담아낸 작품이다. 1861년 농노해방령이 선포된 이후, 러시아는 천년 동안 이어져 온 사회 질서가 뿌리째 흔들리는 대변혁을 맞이했다. 서구 문명의 거센 파도가 몰려오는 가운데 오래된 전통과 새로운 사조가 맹렬하게 부딪혔다. 도시들이 팽창하고 공장의 굴뚝이 솟아오르면서 목가적이던 농촌 마을들은 서서히 모습을 잃어갔고, 수백 년간 러시아를 지배해온 귀족들의 기반도 위태로워졌다.

『안나 카레니나』는 이러한 소용돌이치는 시대의 모순과 갈등을 섬세한 붓놀림으로 포착해낸 걸작으로 인정받는다. 농노제 폐지 이후 농촌에서 벌어진 혼란, 몰락해가는 귀족들의 경제적 파탄,

사회 속에서 여성이 처한 제약적 현실, 번영하는 도시와 쇠퇴하는 농촌 사이의 극명한 대조, 그리고 유럽의 합리주의와 러시아 고유의 정신적 전통 사이의 충돌까지, 당시 러시아 사회가 안고 있던 모든 핵심 쟁점들이 이 소설 속에 생생하게 녹아들어 있다.

 이 작품은 동시에 톨스토이 개인의 내적 위기와도 깊은 연관을 맺고 있다. 『전쟁과 평화』로 문학적 정점에 오른 뒤, 그는 점차 자신이 누리는 명성과 풍요로운 생활이 과연 어떤 의미를 갖는지 의심하기 시작했다. 자신이 태어날 때부터 누려온 귀족적 특권과 주변에 널린 가난한 사람들의 현실 사이에서 그는 견딜 수 없는 양심의 가책을 느꼈으며, 인생의 진정한 의미가 무엇인지를 묻는 근본적인 질문에 사로잡혔다.

 레빈이라는 인물 속에는 톨스토이의 자전적 고백이 그대로 스며들어 있다. 농업 개혁에 대한 레빈의 열정, 자신의 계급적 지위에 대한 부끄러움, 지식인으로서의 회의적 시선, 그리고 종교적 진리를 향한 갈급함은 모두 톨스토이 자신이 겪었던 실제 경험과 정신적 고투를 반영한다. 문학 연구자들은 『안나 카레니나』의 레빈을 통해 톨스토이가 자신의 내면적 분열과 영혼의 탐구 과정을 문학적으로 형상화했으며, 이것이 훗날 그의 종교적 각성을 예고하는 신호였다고 해석한다.

 당시 러시아 문학계의 거장들은 『안나 카레니나』가 단지 한 여인의 애절한 사랑 이야기가 아니라, 19세기 러시아 사회 전체를 숨 쉬게 하는 살아있는 기록임을 깊이 통찰했다. 이 작품은 개인의 가슴 저린 운명을 섬세하게 그려내면서도, 동시에 귀족과 농민, 도시와 농촌, 전통과 변혁이 복잡하게 얽혀 있는 당대 러시아의 총체적 풍경을 생생히 펼쳐낸다. 톨스토이는 한 여인의 비극을 통해 시대 전체의 아픔과 모순을 담아냄으로써, 『안나 카레니나』를 단순한 연애 서사를 훌쩍 뛰어넘는 깊이 있는 사회적 증언으로 승화시켰다.

1.3 문학사적 의의

『안나 카레니나』는 톨스토이의 예술혼이 최고조에 달한 순간을 증명하는 불멸의 걸작이다. 『전쟁과 평화』가 역사의 거대한 파노라마를 펼쳐놓은 서사시라면, 『안나 카레니나』는 인간 내면의 미묘한 떨림까지 포착해낸 정밀한 심리소설의 백미다. 이 작품 속에서 톨스토이는 인간 정신의 복잡한 미로와 도덕적 딜레마를 한층 더 날카로운 시선으로 해부해냈다.

문학계는 『안나 카레니나』를 19세기 심리소설의 절대적 기준점으로 받아들이며, 등장인물들의 내밀한 세계를 들여다보는 톨스토이의 통찰력이 훗날 등장할 현대 심리학의 발견들을 놀랍도록 앞서 나간 것으로 여긴다. 특히 인물들의 내적 모순과 무의식의 은밀한 충동들을 그려낸 대목들은 후에 프로이트와 융이 밝혀낸 심리학적 진실들과 신비로울 만큼 일치하는 면을 보여준다.

이 소설은 또한 19세기 러시아 리얼리즘의 절정을 구현한 기념비적 작품이기도 하다. 톨스토이는 귀족들의 화려한 연회장에서부터 시골의 건초 베기 현장, 모스크바 뒷골목의 비참한 풍경에 이르기까지 사회 모든 층위의 삶을 섬세한 관찰로 포착했다. 사회적 관례와 의상, 실내 장식과 음식 문화 같은 물질적 디테일은 물론, 등장인물들의 몸짓 하나하나와 말투의 변화, 표정에 스치는 감정의 그림자까지도 정교하게 그려냈다.

『안나 카레니나』의 또 다른 혁명적 성취는 그 구조적 실험정신에 있다. 톨스토이는 안나와 브론스키의 열정적 사랑 이야기와 레빈과 키티의 순수한 결합 이야기를 교묘하게 교차시키는 독창적 구성을 선보였다. 이 두 이야기 줄기는 표면적으로는 분리되어 있지만, 주제 의식 차원에서는 서로를 비추고 완성시키는 정교한 대위법을 이룬다. 이러한 구조적 혁신은 20세기 소설 기법의 발전에 결정적 영향을 끼쳤다.

도스토예프스키는 『안나 카레니나』를 읽고 "완벽한 예술 작품"이라고 극찬했다. 러시아문학의 두 거인이 이렇게 서로의 작품 앞에서 겸허해지는 순간은, 진정한 예술이 지닌 초월적 힘을 증명한다. 이 불멸의 소설은 시간의 강을 건너 오늘날 우리에게도 여전히 살아 숨 쉬는 생명력으로 다가온다. 톨스토이가 그려낸 안나의 열정과 고뇌, 레빈의 방황과 깨달음은 150년이 지난 지금도 우리 가슴을 뜨겁게 울린다. 한 여인의 비극적 사랑 이야기 속에서 우리는 자신의 모습을, 우리 시대의 아픔을, 그리고 영원히 변치 않는 인간의 숙명을 발견한다. 이것이 바로 『안나 카레니나』가 세대를 넘어 젊은 영혼들에게 끊임없이 말을 거는 이유다.

깊이 있는 독자들은 이 작품이 단순한 불륜담이나 교훈적 우화를 훌쩍 뛰어넘어, 인간 존재가 짊어진 근원적 무게와 사회라는 거대한 그물망 사이에서 벌어지는 치열한 줄다리기를 탐구한 철학적 대작임을 간파했다. 톨스토이는 안나라는 한 여인의 삶을 통해 우리 모두가 안고 있는 자유와 속박, 욕망과 의무 사이의 피할 수 없는 긴장을 예술로 승화시켰다. 그렇기에 이 작품은 세월의 먼지 속에 묻히지 않고, 시대마다 새로운 빛으로 재탄생하며 독자들의 영혼을 일깨운다.

2. 작품의 구조와 주제

2.1 이중 구조: 두 개의 병행 서사

『안나 카레니나』의 가장 매혹적인 건축적 특징은 두 개의 서로 다른 운명이 나란히 흘러가며 하나의 거대한 교향곡을 만들어 낸다는 점이다. 한쪽에서는 안나 카레니나와 브론스키의 타오르는 사랑이 파멸로 치닫는 비극적 선율이 울려 퍼지고, 다른 쪽에서는 콘스탄틴 레빈과 키티 쉐르바츠카야가 시행착오를 거쳐 진정한 사랑에 도달하는 희망의 선율이 조화롭게 흐른다. 이 두 이야기는 겉보기엔 각자의 길을 걷는 것 같지만, 실제로는 서로의 진실을 비춰주는 영혼의 거울 역할을 한다.

연구자들의 분석에 따르면, 톨스토이는 이 두 서사를 정교하게 교직하면서 사랑과 결혼, 가족이라는 인생의 핵심 주제에 대한 극명하게 대비되는 두 가지 길과 그 결과를 제시하고 있다. 안나와 브론스키의 관계는 기존 질서를 거부하는 격정적 사랑의 위험성을 상징하는 반면, 레빈과 키티의 관계는 서로를 이해하고 존중하는 성숙한 사랑의 아름다움을 증명한다.

이러한 이중 서사의 비밀은 소설의 전설적인 첫 문장에서 이미 예고되어 있다.

> 행복한 가정은 모두 비슷하지만, 불행한 가정은 저마다의 이유로 불행하다.

이 한 문장은 소설 전체를 관통하는 구조적 원리를 압축적으로 담고 있다. 안나의 이야기는 '불행한 가정'이 가진 독특한 아픔과 복잡성을, 레빈의 이야기는 '행복한 가정'이 지닌 보편적 진리와 단순한 아름다움을 각각 형상화한다.

소설은 총 8부로 나누어져 있으며, 각 부는 안나와 레빈의 이야기를 교대로 집중 조명하는 방식으로 구성되어 있다. 두 이야기가 직접적으로 만나는 순간은 극히 드문데, 특히 레빈과 키티의 결혼식에 안나의 오빠 스티바 오블론스키가 참석하는 장면과 레빈이 모스크바에서 안나와 대면하는 순간이 인상적인 교차점을 이룬다.

이런 정밀한 구조적 설계는 단순한 문학적 기교를 넘어서, 인생이 제시하는 다양한 선택지들과 그 선택이 가져오는 필연적 결과들을 탐구하는 톨스토이의 도덕적, 철학적 세계관을 구현한다. 문학 비평가들은 톨스토이가 이 대조적인 두 인생 이야기를 통해 독자들에게 자기 삶의 방향성에 대한 깊은 윤리적 성찰을 촉구한다고 해석한다.

2.2 핵심 주제: 가족, 사랑, 사회, 도덕, 종교

『안나 카레니나』는 인간 삶의 복잡한 실타래를 여러 갈래로 풀어놓지만, 그 핵심에는 가족과 결혼이라는 영원한 주제가 뜨겁게 맥동하고 있다. 톨스토이는 네 쌍의 부부들, 즉 카레닌과 안나, 오블론스키와 돌리, 레빈과 키티, 그리고 브론스키와 안나를 통해 결혼이라는 인생의 가장 중요한 결정이 만들어내는 다채로운 스펙트럼을 세밀하게 탐구한다. 각각의 부부는 결혼을 바라보는 전혀 다른 시각과 그로 인해 맞이하는 상반된 운명을 생생하게 보여준다.

톨스토이에게 가족이란 단순히 사회를 구성하는 하나의 단위가 아니라, 도덕적이고 영적인 가치들이 보존되고 다음 세대로 전해지는 신성한 터전이었다. 이런 관점에서 볼 때 안나의 가정 해체는 개인적 불행을 넘어서 도덕적 우주 질서에 균열을 가하는 사건으로 그려진다.

사랑과 열정의 진정한 의미 역시 이 소설이 천착하는 핵심 주제 중 하나다. 톨스토이는 안나와 브론스키의 소멸적 열정, 레빈과 키티의 성숙한 애정, 카레닌의 의무적 사랑, 스티바의 가벼운 연애 등 사랑의 다양한 얼굴들을 정교하게 대비시킨다. 그는 사랑이 오래 지속되려면 단순한 열정의 불꽃을 넘어 도덕적 책임감과 상호 존중이라는 튼튼한 뿌리가 필요하다는 메시지를 은밀히 전한다.

사회적 관습과 개인의 자유 의지 사이에서 벌어지는 치열한 갈등도 빼놓을 수 없는 중요한 축이다. 안나는 기존 질서에 맞서는 용기를 보이지만 그 댓가로 혹독한 시련을 감내해야 한다. 사랑하는 아들에 대한 양육권을 박탈당하고, 화려했던 사교계에서 쫓겨나며, 결국 사회적 고립과 정신적 파탄의 나락으로 떨어진다. 톨스토이는 사회적 규범이 가진 억압적 면모를 예리하게 비판하면서도, 개인이 무제한적 자유를 추구할 때 초래될 수 있는 파괴적 결말에 대해서도 깊은 우려를 표한다.

농업과 토지에 관한 문제는 레빈의 이야기 속에서 구체적으로 펼쳐진다. 농노해방 이후 급변하는 러시아 농촌의 현실과 위기, 그리고 지주와 농민들 사이에 새롭게 정립되어야 할 관계의 모색이 레빈의 농장 운영 시도를 통해 생동감 있게 그려진다. 이는 톨스토이가 자신의 야스나야 폴랴나 농장에서 직접 겪었던 경험들이 고스란히 녹아든 결과다.

종교와 영적 구원의 문제는 특히 소설 후반부로 갈수록 그 중요성이 커진다. 레빈의 종교적 의심과 깨달음의 과정은 톨스토이 자신이 겪었던 영혼의 탐구 여정을 그대로 반영한다. 안나의 절망적 선택과 레빈의 영적 각성이 극명하게 대비되는 소설의 마지막 장면은 톨스토이의 도덕적, 종교적 세계관을 압축적으로 담아낸 걸작이다.

연구자들은 『안나 카레니나』에서 톨스토이가 개인의 행복 추구와 도덕적 의무 사이의 영원한 갈등, 사회적 규범과 개인의 자유 사이의 팽팽한 긴장을 통해 인간이라는 존재가 안고 있는 근본적 딜레마를 탐구했다고 평가한다.

2.3 작품의 시작과 결말: 구조적 완결성

『안나 카레니나』의 구조적 완벽함은 작품의 시작점과 마지막 순간이 서로 조응하며 만들어내는 원형의 아름다움에서 극명하게 드러난다. 소설은 스티바 오블론스키의 외도로 인해 흔들리는 가정의 모습으로 첫 장을 열고, 안나의 절망적 선택과 레빈의 영적 깨달음으로 대단원의 막을 내린다. 이런 정교한 구성은 우연한 결과가 아니라 톨스토이가 치밀하게 설계한 예술적 완성의 증거다.

소설 도입부에서 오블론스키 가정에 닥친 위기는 상대적으로 가볍게 처리되며 곧 해결의 실마리를 찾는다. 이는 안나가 맞이하게 될 돌이킬 수 없는 비극적 종말과 강렬한 대비를 형성한다. 문학 연구자들에 따르면, 오블론스키의 불륜과 안나의 불륜 사이에 놓인 이 극명한 차이는 성별에 따른 사회적 이중잣대를 예리하게 고발하는 동시에, 오블론스키의 가벼운 성향과 안나의 치열한 진정성 사이의 근본적 차이를 선명하게 부각시킨다.

소설의 또 다른 놀라운 구조적 특성은 기차역이라는 공간이 마치 운명의 무대처럼 되풀이해서 등장한다는 점이다. 안나와 브론스키의 첫 만남이 기차역 플랫폼에서 이루어지고, 농부의 참혹한 죽음을 목격하며, 안나의 마지막 순간 역시 기차 바퀴 아래로 몸을 내던지는 것으로 완성된다. 이런 반복적 등장은 결코 우연이 아니라 안나의 숙명적 행로를 예고하고 강조하는 상징적 장치로 기능한다.

레빈의 삶 역시 이에 못지않은 구조적 완성도를 자랑한다. 그는 소설 초반 키티에게 마음을 고백했다가 거절의 아픔을 맛보지만, 소설 중반에 이르러 다시 용기를 내어 청혼하고 마침내 사랑을 성취한다. 소설 막바지에서 그는 삶의 근본적 의미에 대한 깊은 회의에 빠진 뒤 종교적 깨달음이라는 귀중한 선물을 얻게 된다. 이런 영혼의 순례 과정은 레빈이라는 인물의 완전한 성숙을 상징한다.

『안나 카레니나』의 시작과 결말이 단순한 이야기의 출발점과 도착점이 아니라, 톨스토이의 도덕적, 철학적 세계관을 압축적으로 구현하는 예술적 장치라는 해석이 특히 주목할 만하다. 소설의 마지막 문장, "내 삶의 의미와 선은 선한 삶을 사는 것이다"라는 레빈의 깨달음은 작품 전체가 품고 있는 도덕적 메시지를 하나의 문장 속에 집약해낸 걸작이다.

3. 주요 인물 분석

3.1 안나 카레니나: 비극적 여주인공의 내면세계

안나 카레니나는 19세기 러시아문학이 창조해낸 가장 복잡하고 매혹적인 여성 인물 중 하나로 문학사에 영원히 기록되어 있다. 그녀는 아름다움과 지성, 그리고 사회적 매력을 모두 갖춘 고위 관료의 부인으로, 소설 초반에는 누구나 부러워할 완벽한 삶의 정점에 서 있었다. 하지만 브론스키와의 운명적 만남 이후 그녀의 인생은 예측할 수 없는 격류 속으로 빨려 들어간다.

안나의 비극은 단순한 외도의 결과물이 아니라, 진실된 삶에 대한 그녀의 타협 없는 갈망에서 시작된다. 문학 연구자들의 분석에 따르면, 안나는 사회적 허위와 가면 뒤에 숨은 위선에 맞서며 자신의 진정한 감정에 충실하게 살고자 했던 용감한 영혼이었다. 남편 카레닌과의 관계에서 느끼는 공허함과 거짓스러움을 더는 견딜 수 없었던 그녀는 브론스키와의 사랑을 선택하는 과감한 결단을 내린다.

톨스토이는 안나의 내면 풍경을 경이로운 심리적 통찰력으로 그려낸다. 그녀가 품는 희망과 두려움, 환희와 절망, 사랑과 질투의 모든 감정이 한 점의 거짓도 없이 포착된다. 특히 그녀의 점진적인 정신적 불안정은 아편에 대한 의존, 편집증적 질투심, 자기파괴적 충동의 악화로 이어지며 독자의 마음을 아프게 한다.

다음 인용문은 안나의 혼란스러운 심리 상태를 적나라하게 보여주는 대목이다.

> 그녀는 자신의 상태가 병적이라는 것을 알았고, 때때로 자신이 미쳐가고 있다고 느꼈다. 그러나 그녀는 자신을 제어할 수 없었다. 그녀는 브론스키에게 따뜻하게 대해야 한다고, 그를 위해 침착해야 한다고 스스로에게 말했지만, 그녀의 목소리는 부자연스럽게 울렸고, 그녀는 그가 자신을 더 이상 사랑하지 않는다고, 그가 다른 여자에게 매료되었다고, 그가 자신을 배신하고 있다고 확신했다.

그리고 그녀는 그것이 끔찍했지만, 그것이 더 나았다고 생각했다. 최소한 그녀
는 알았다. 불확실성과 기다림보다는 최악의 불행이 더 나았다는 것을.

안나의 가장 가슴 아픈 비극은 모성애와 열정적 사랑 사이에서 벌어지는 잔혹한 갈등이다. 아들 세료자에 대한 그녀의 사랑은 깊고 순수하지만, 브론스키와의 관계를 지키기 위해 자신의 가장 소중한 혈육과의 유대를 포기해야 했다. 이 상실은 그녀의 영혼에 평생 아물지 않을 상흔을 새긴다.

연구자들은 안나의 비극이 사회적 금기에 도전했기 때문이 아니라, 브론스키와의 사랑에 자신의 모든 것을 걸었지만 그 관계만으로는 완전한 삶의 충만함을 발견할 수 없었기 때문이라고 분석한다. 결국 그녀는 깊어가는 고립감과 질투, 절망의 나선 속에서 스스로 생을 마감하는 극단적 선택을 한다.

톨스토이는 안나를 도덕적으로 심판하지 않는다. 오히려 그는 그녀의 비극을 통해 사회적 허위와 인간 영혼이 지닌 무한한 복잡성을 드러낸다. 안나의 마지막 의식의 흐름은 그녀의 비극적 여정을 압축적으로 담아낸다.

내가 어디에 있지? 내가 무엇을 하고 있지? 왜 그러지?" 그녀는 문득 자신에게 물었다. "나는 무엇 때문에 괴로워하지?" 그러나 어떤 대답도 얻을 수 없었다. 모든 것이 혼란스럽고, 모든 것이 거짓이고, 모든 것이 속임수이고, 모든 것이 악이었다.

3.2 알렉세이 카레닌: 의무와 체면의 화신

알렉세이 알렉산드로비치 카레닌은 안나의 남편으로, 정부의 핵심 요직을 맡고 있으면서 철저한 질서와 사회적 격식을 생명처럼 여기는 인물이다. 소설 도입부에서는 냉랭하고 예의범절에만 매달리는 모습으로 나타나지만, 서사가 깊어져 갈수록 그의 얽히고설

킨 내면 세계와 숨겨진 아픔이 조금씩 모습을 드러낸다.

카레닌은 톨스토이가 의도했다면 손쉽게 우스꽝스러운 희극적 인물로 전락시킬 수 있었던 캐릭터였지만, 작가는 대신 그를 인간적 심층과 고유한 품격을 갖춘 온전한 인물로 창조해냈다. 문학 연구진들의 견해에 따르면, 카레닌은 단순히 방해가 되는 존재나 악역을 담당하는 인물이 아니라, 자신만의 특별한 비극을 품고 살아가는 존재로 구현되어 있다.

카레닌의 혼인에 대한 철학은 사랑이라는 감정보다는 사회적 의무와 체면이라는 책임감에 기초를 두고 있다. 안나의 외도 사실을 깨닫게 된 이후에도 그는 이혼이라는 극적 해결책보다는 현재의 상황을 그대로 유지하는 방향을 선택한다. 이는 단순한 비겁함이 아니라, 사회적 물의를 차단하고 가문의 위신을 보전하려는 그의 신념 체계가 낳은 당연한 귀결이다.

> 알렉세이 알렉산드로비치는 너무나 익숙해져 있었고, 너무나 공적인 삶의 방식에 젖어 있었기 때문에, 그는 자신의 감정을 직접 마주할 수 없었다. 그는 고통을 느끼지 않으려고 노력했다. 고통을 인정하는 것은 자기 상황의 부적절함을 인정하는 것과 같았다.

카레닌의 가장 마음을 움직이는 순간은 안나가 출산 뒤 생사의 기로에서 방황할 때 그가 드러내는 너그러움과 용서의 정신이다. 이 순간 그는 참된 기독교적 사랑과 자기희생의 정수를 몸으로 보여준다. 그러나 안나가 원기를 되찾은 다음 다시금 브론스키를 택하자, 카레닌은 깊은 상흔을 받고 더욱 경직되고 차가운 모습으로 후퇴한다.

소설 말미에서 카레닌은 종교적 신비주의에 심취한 리디아 백작부인의 감화를 받아 종교에 깊숙이 빠져든다. 이는 그가 진정한 영적 치유보다는 사회적으로 용납되는 방법으로 자신의 상처를 봉합하려는 노력으로 볼 수 있다.

연구자들은 카레닌의 비극이 그가 순수한 감정보다 사회적 관습과 의무를 우선시했다는 점에 근원을 두고 있다고 해석한다. 그는 잠시 진정한 영적 승화의 순간에 도달했지만, 결국 형식주의와 가식의 세계로 다시 돌아가고 만다.

3.3 알렉세이 브론스키: 열정과 좌절의 균형

알렉세이 브론스키 백작은 젊은 패기와 세련된 매력을 두루 갖춘 기병대 장교로, 안나와의 운명적 사랑을 위해 자신의 찬란한 군사적 전망과 탄탄한 사회적 기반을 과감히 내던진다. 최초에는 단순히 안나라는 매혹적인 여인을 손에 넣으려는 정복욕에서 출발했지만, 세월이 흘러가면서 그는 그녀에게 진정으로 마음을 빼앗기게 된다.

브론스키는 이 소설에서 가장 극적인 내적 변화를 경험하는 인물 가운데 하나다. 문학 연구자들의 해석에 따르면, 브론스키는 경박한 여성 편력자에서 진정성 있는 애인으로, 그리고 최종적으로는 좌절과 피곤함에 시달리는 동반자로 서서히 탈바꿈해 간다. 그의 인격적 궤적은 열정이라는 감정이 지니고 있는 덧없는 속성과 그것이 초래할 수 있는 비극적 결말을 또렷하게 증명한다.

브론스키의 모순적 성격은 안나를 진정으로 사랑하면서도, 그녀와의 결합으로 인해 치러야 하는 사회적 격리와 출세길 단절에 서서히 불편함을 드러내는 데서 확인된다. 그는 안나에게 진실하지만, 그녀의 날로 격화되는 질투심과 전적인 의존 성향에 숨막힘을 경험한다.

> 브론스키는 안나를 사랑했다. 그는 그녀에게 완전히 헌신했다. 그러나 그는 자신의 독립적인 남성의 삶을 유지하기를 원했다. 안나가 그에게 요구하는 것은 그의 전체 삶, 그의 모든 시간, 그의 모든 관심이었다. 그리고 그것은 그에게 너

무나 큰 부담이었다.

경주장에서 브론스키가 자신의 애마 프루-프루를 실수로 죽음에 이르게 하는 사건은 매우 중요한 상징적 함의를 내포하고 있다. 이는 그가 안나의 삶에 가할 치명적 타격을 미리 암시하는 동시에, 그의 야망과 조급함을 적나라하게 폭로하는 핵심적 장치다.

문학 연구 영역에서는 브론스키가 사회적 터부를 감수할 정도로 안나를 사랑했지만, 그 사랑 하나만으로는 완전한 삶의 만족에 이를 수 없었다고 해석한다. 그의 남성적 자아는 지속적으로 사회적 승인과 역동적 활동을 추구했다. 이런 브론스키의 내재적 딜레마는 안나와의 관계에 회복 불가능한 틈을 벌리는 결정적 원인이 되었다.

안나의 극단적 선택 이후, 브론스키는 세르비아-터키 전쟁에 의용군으로 자원하게 되는데, 이는 한 형태의 자기 징벌이자 참회로 해석할 수 있다. 그는 "나는 살고 싶지 않다. 나는 더 이상 살 가치가 없다"라고 말하며 실질적인 죽음을 추구한다.

3.4 레빈: 톨스토이의 자전적 캐릭터

콘스탄틴 레빈은 톨스토이의 개인적 경험과 내적 고민이 가장 깊숙이 새겨진 인물이다. 그는 예리한 지성과 진중한 성품을 겸비한 지주로서, 농업 혁신과 러시아의 앞날, 그리고 종교와 철학의 근본적 물음들에 치열한 관심을 쏟아 붓는다. 레빈의 이름 '콘스탄틴'은 러시아어로 '일관된', '흔들리지 않는'이라는 뜻을 담고 있어, 그가 지닌 도덕적 순수성을 은유적으로 드러낸다.

연구진들의 분석에 따르면, 레빈은 톨스토이의 또 다른 자아로서, 작가 본인의 농업에 대한 열정, 귀족 출신이라는 정체성에 대한 고민, 서구적 지식인으로서의 회의적 시각, 그리고 종교적 구도 과정을 고스란히 담아내고 있다. 레빈이 운영하는 농장과 야스나야 폴랴나의 유사성, 그의 키티와의 사랑 이야기, 그리고 형 니콜라이의 죽음은 모두 톨스토이가 직접 겪었던 삶의 편린들에서 영감을 받았다.

레빈의 인격적 성장은 키티에 대한 사랑, 형의 죽음, 아들의 탄생, 그리고 종교적 회의와 깨달음이라는 인생의 중요한 전환점들을 통해 완성된다. 그는 소설 시작 부분에서 키티에게 마음을 고백했다가 거절당하는 아픔을 겪지만, 훗날 다시 용기를 내어 청혼하고 마침내 결혼이라는 결실을 맺는다. 이 과정에서 그는 자신의 자존심과 두려움을 이겨내는 방법을 체득하게 된다.

레빈의 농업 개혁 도전은 그의 이상주의적 꿈과 냉혹한 현실 사이의 치열한 대립을 보여준다. 그는 농민들과 협력적 관계를 만들어가려 애쓰지만, 오랜 세월 쌓인 문화적 격차와 상호 불신의 벽을 허물기가 생각보다 어렵다는 사실을 깨닫는다. 이런 시행착오와 좌절의 경험은 톨스토이가 자신의 야스나야 폴랴나에서 직접 부딪쳤던 현실을 그대로 반영한다.

소설 종반에서 레빈은 깊은 실존적 위기의 나락으로 떨어진다. 그는 삶의 근본적 의미를 찾지 못해 괴로워하며 심지어 자살 충동까지 느끼게 된다. 이런 영적 위기는 뜻밖에도 소박한 농부의 한마디를 통해 해결의 실마리를 찾는다. 레빈은 "선을 위해 살아야 한다"는 단순하지만 깊은 진리를 깨달으며 영혼의 평안을 되찾는다.

> 레빈은 깨달았다. 그는 자신의 이성으로 삶의 의미를 찾으려 했지만, 이성은 그 임무에 적합하지 않았다. 이성은 그에게 삶이 무의미하다고 말했다. 그러나 이것은 이성의 오류였다. 삶의 의미는 이성을 초월한 어떤 것에 있었다. 그것은 신을 위해, 선을 위해 사는 것이었다.

레빈의 영혼 순례 과정은 톨스토이 자신의 종교적 탐구 여정을 미리 보여주는 것으로, 『안나 카레니나』가 단순한 사회소설이나 연애담을 넘어서서 심층적인 철학적, 종교적 차원을 지닌 작품임을 증명한다고 평가받는다.

3.5 키티와 돌리: 여성의 두 가지 운명

　키티(예카테리나 쉐르바츠카야)와 돌리(다리야 오블론스카야)는 『안나 카레니나』에서 안나와 선명한 대조를 이루는 핵심적인 여성 인물들이다. 이들은 각자 서로 다른 방식으로 결혼과 가정생활이 지닌 복합적 현실을 드러내 보인다.

　키티는 소설 도입부에서 브론스키의 세련된 매력에 사로잡혀 레빈의 진심 어린 청혼을 단호히 거절하는 순수하고 어린 소녀로 모습을 드러낸다. 하지만 브론스키가 안나에게 완전히 마음을 빼앗긴 이후, 그녀는 뼈아픈 상처와 깊은 실망감을 맛보게 된다. 이런 고통스러운 경험은 그녀를 한층 성숙한 존재로 변화시키며, 이후 레빈과의 관계에서 더욱 깊고 진정성 있는 사랑을 발견하게 만든다.

　키티와 레빈의 혼인은 서로에 대한 존경과 도덕적 가치에 바탕을 둔 이상적인 결합으로 묘사된다. 문학 연구자들의 해석에 따르면, 키티는 단순한 순진함에서 벗어나 도덕적 지혜를 갖춘 여성으로 발전해 가며, 이는 톨스토이가 품고 있던 이상적인 여성상을 구현한다.

　키티의 성장은 특히 레빈의 형 니콜라이가 죽음을 맞이할 때 그녀가 발휘하는 실용적인 돌봄과 따뜻한 연민에서 빛을 발한다. 이 장면에서 그녀는 레빈보다도 더 큰 인간적 지혜와 정신적 강인함을 드러내며, 이는 레빈에게 지울 수 없는 감동을 안긴다.

> 키티는 어떤 혐오감도 보이지 않았다. 그녀는 단지 자신이 도울 방법만을 생각했다. 그녀는 니콜라이의 말을 알아듣지 못했지만, 그의 눈을 들여다보고 그가

원하는 것을 이해했다. 그녀는 그의 말라빠진 손을 잡고, 그의 베개를 정리하고, 그에게 약을 주었다. 레빈은 그녀를 바라보며 부끄러움과 감사함을 느꼈다.

이와 대조적으로 돌리는 여러 자녀의 어머니이자 불성실한 남편 스티바의 아내로서, 결혼 생활이 안고 있는 어려움과 불가피한 타협을 생생하게 보여주는 인물이다. 그녀는 남편의 외도 사실을 알면서도 가족의 안정을 위해 관계를 지속시킨다. 그녀가 감내하는 고된 일상과 경제적 궁핍은 결혼에 대한 낭만적 환상과 극명하게 대비되는 냉혹한 현실을 드러낸다.

톨스토이는 돌리를 통해 19세기 러시아 여성들이 처한 제약적인 선택권과 가부장적 사회 구조의 불공정함을 적나라하게 폭로한다. 그러나 동시에 그는 돌리의 모성적 사랑과 도덕적 굳건함을 높이 평가한다. 문학 연구 영역에서는 돌리가 안나와 달리 개인적 행복보다 가족에 대한 책임을 우선시했지만, 톨스토이는 이를 단순한 포기가 아닌 도덕적 결단으로 존중한다고 해석한다.

돌리가 안나의 화려한 시골 별장을 찾아가는 장면은 두 여성이 선택한 서로 다른 삶의 길을 극명하게 대비시킨다. 돌리는 처음에 안나의 새로운 삶에 매혹되지만, 안나가 더는 아이를 갖지 않으려는 결정을 알게 되면서 깊은 거부감을 느낀다. 이는 돌리의 전통적 가치관과 안나의 혁신적 선택 사이에 놓인 깊은 간극을 선명하게 보여준다.

4. 주요 장면 분석

4.1 안나와 브론스키의 첫 만남: 운명적 순간

안나와 브론스키의 첫 만남은 모스크바 기차역이라는 운명적 무대에서 펼쳐지며, 이는 소설 전체의 비극적 전환점을 알리는 신호

탄이 된다. 이 장면은 단순한 등장인물들의 소개를 뛰어넘어 상징적 함의와 불길한 예언으로 가득 차 있다.

이야기는 브론스키가 어머니를 마중하러 나온 기차역에서 안나를 처음 목격하는 순간부터 시작된다. 그녀의 눈부신 아름다움과 생동감 넘치는 표정이 그의 시선을 사로잡는다. 안나는 스티바의 여동생으로서 오빠의 가정 위기를 수습하기 위해 모스크바에 도착한 상황이었다.

바로 이 운명적인 첫 만남의 순간에 섬뜩한 사건이 벌어진다. 기차역에서 한 선로 작업자가 기차에 치여 목숨을 잃는다. 이 참사는 안나에게 깊은 충격을 안기며, 그녀는 이를 "나쁜 징조"라고 받아들인다. 문학 연구자들의 분석에 따르면, 이 죽음의 사건은 안나의 비극적 종말을 예고하는 문학적 복선이며, 기차는 소설 전체를 관통하며 운명과 파멸의 상징으로 작동한다.

이 장면에서 톨스토이는 두 사람 사이에 흐르는 즉각적인 끌림을 생생하게 포착해낸다.

> 그녀가 차에서 내릴 때, 그는 그녀를 돕기 위해 다가갔다. 그가 그녀 옆에 섰을 때, 그는 그녀의 생기와 아름다움에 강한 매력을 느꼈다. 그녀는 그를 보고 돌아보았고, 그녀의 반짝이는 회색 눈은 그의 얼굴에 친절하고 주의 깊게 머물렀다. 마치 그녀가 그을 인식하는 것 같았다. 그리고 즉시 그녀는 군중 속에서 무언가를 찾는 듯이 고개를 돌렸다.

이 첫 마주침은 안나가 브론스키에게 느끼는 강렬한 끌림뿐만 아니라, 그녀의 내적 혼란도 동시에 드러낸다. 그녀는 브론스키의 존재에 마음이 흔들리면서도 곧바로 자신의 아들 세료자와 남편 카레닌에 대해 말한다. 이는 그녀가 앞으로 겪게 될 모성애와 열정 사이의 치열한 갈등을 미리 암시한다.

연구자들은 기차역 장면이 사랑의 탄생이 곧 비극의 출발점임을 시사하며, 피할 수 없는 운명이라는 소설의 핵심 주제를 도입한다고 해석한다. 이 숙명적 첫 만남 이후, 안나와 브론스키는 모스크바의 화려한 무도회에서 재회하게 되고, 그들의 관계는 되돌릴 수 없는 파멸의 길로 접어든다.

4.2 경마 장면과 브론스키의 낙마

경마 장면은 『안나 카레니나』에서 가장 숨막히고 상징적 의미가 농축된 장면 중 하나다. 이 장면에서 브론스키는 자신의 사랑하는 애마 프루-프루를 타고 장교들의 경마 대회에 출전한다. 카레닌과 안나, 그리고 상류 사회의 화려한 인물들이 관중석을 가득 메우고 있다.

이 경마는 단순한 스포츠 경기를 넘어서, 브론스키와 안나의 위험한 관계와 그들이 맞이할 암울한 미래에 대한 강렬한 은유로 작동한다. 문학 연구자들은 경마 장면이 소설의 핵심적 갈등과 주제 의식을 응축적으로 형상화한 탁월한 무대 장치라고 평가한다.

경주 도중 브론스키는 장애물을 뛰어넘는 과정에서 치명적인 실책을 저지른다. 그는 말의 등에 제대로 몸을 맡기지 못하고, 결국 프루-프루의 등뼈를 부러뜨리는 끔찍한 사고를 야기한다. 이로 인해 그는 경기에서 참패할 뿐만 아니라, 자신이 그토록 아끼던 말을 총으로 쏴 죽여야 하는 비극적 상황에 직면한다.

> 브론스키는 너무 일찍 안장에 앉았고, 그의 움직임에 맞춰 프루-프루가 방향을 바꾸었다. 그는 말의 허리를 잡았지만, 너무 늦었다. 그는 균형을 완전히 잃고 말의 옆구리로 떨어졌다. 그의 다리는 말의 다리에 걸려 있었고, 말의 몸이 뒤로 넘어가면서 그는 말의 움직임을 느꼈다. 프루-프루의 등뼈가 부러지는 소리가 들렸다.

안나는 이 참혹한 광경을 바라보며 극도의 흥분과 고통을 드러내고, 이를 통해 그녀와 브론스키의 은밀한 관계가 대중 앞에 적나라하게 폭로된다. 카레닌은 아내의 비정상적인 반응을 목격하고 그녀의 외도를 확신하게 된다. 이 사건은 세 인물 사이의 복잡한 관계가 공개적으로 드러나는 결정적 분수령이 된다.

프루-프루의 죽음은 브론스키와 안나의 사랑이 불러올 파괴적 결말을 예고하는 강력한 상징으로 해석된다. 프루-프루의 비극적 종말이 안나의 파멸을 암시하며, 브론스키의 치명적 실수가 그가 안나의 운명에 가할 파괴적 영향을 상징한다는 것이다.

경마 장면 직후, 카레닌은 안나에게 그녀의 행동이 사회적으로 부적절했음을 냉정하게 지적하고, 그들의 혼인 관계를 유지하기 위해 외형적 체면만은 지킬 것을 엄중히 요구한다. 이는 카레닌의 성격과 그가 신봉하는 가치관을 선명하게 드러내는 핵심적 장면이다.

4.3 안나의 고백과 카레닌의 반응

경마장에서의 충격적 사건 이후, 안나와 카레닌이 마차를 타고 집으로 돌아가는 길에 안나는 마침내 남편에게 브론스키와의 관계를 털어놓는다. 이 순간은 두 인물의 근본적 성격과 그들 혼인의 진실한 모습을 적나라하게 폭로하는 결정적 장면이다.

안나의 고백은 오랫동안 가슴 깊이 억눌러왔던 진실이 마침내 폭발하는 순간이다. 그녀는 더는 거짓과 가면 속에서 살아갈 수 없다는 절박함을 깨닫고, 순간적 충동에 이끌려 모든 것을 털어놓는다.

> 당신은 옳아요. 저는 부끄러워요, 저는 두려워요, 하지만 저는 더 이상 속일 수 없어요. 저는 당신의 아내가 아니에요. 저는 다른 사람을 사랑해요. 저는 그의 정부예요. 저는 당신을 혐오해요... 당신이 원하는 것은 무엇이든 하세요.

이런 폭탄 같은 고백에 대한 카레닌의 반응은 그의 인간적 본질을 완벽하게 드러낸다. 그는 분노나 질투 같은 원초적 감정보다는 사회적 체면과 기존 질서 유지에 더 큰 관심을 쏟는다. 그는 안나에게 이혼은 절대 허용할 수 없으며, 세상의 비난을 피하기 위해 현재 상태를 그대로 유지할 것을 냉정하게 요구한다.

> 나는 지금 당신에게 내 결정을 말하겠소. 어떤 상황에서도, 내가 반복하지만, 어떤 상황에서도 나는 당신이 원하는 대로 행동하는 것을 허락하지 않을 것이오. 내 이름과 명예가 당신 쾌락의 희생물이 되도록 허용하지 않을 것이오.

이 장면에서 카레닌이 진정한 감정보다 사회적 관례와 체면을 최우선으로 삼는 인물이라는 사실이 분명하게 드러난다. 그에게 중요한 것은 안나의 행복이나 자신의 마음이 아니라 '무엇이 사회적으로 올바른가'라는 규범적 잣대다.

이 고백 장면은 안나와 카레닌의 결혼이 얼마나 공허한 형식에 불과했는지, 그리고 그들의 인생관이 얼마나 근본적으로 다른지를 여실히 보여준다. 안나는 진실과 열정을 갈망하는 반면, 카레닌은 체면과 사회적 안정을 신봉한다. 이런 근원적 가치관의 차이는 그들의 관계를 돌이킬 수 없는 파국으로 이끈다.

이 고백 장면이 단순한 부부 갈등의 한순간이 아니라, 19세기 러시아 상류 사회의 허위와 형식주의에 대한 톨스토이의 날카로운 비판을 담고 있다는 해석도 주목할 만하다. 안나의 고백은 사회적 관습과 개인의 진정성 사이에서 벌어지는 피할 수 없는 충돌을 극적으로 보여주는 강력한 순간인 것이다.

4.4 레빈의 청혼과 결혼: 진정한 사랑의 여정

레빈의 키티에 대한 사랑과 혼인 과정은 안나와 브론스키의 비극적 연애와 극명한 대조를 이루는 서사를 펼쳐낸다. 소설 초반 레빈은 키티에게 마음을 고백하며 청혼하지만 냉정한 거절을 당한다. 당시 키티는 브론스키의 화려한 매력에 완전히 사로잡혀 있었고, 레빈의 진지한 마음보다는 브론스키의 세련된 풍모에 마음을 빼앗겼다.

거절의 아픔은 레빈의 가슴에 깊은 상처를 새기고, 그는 상심한 마음을 안고 시골로 돌아가 농장 일에 온 정신을 쏟는다. 그러나 브론스키가 안나와의 관계에 빠져들면서 키티는 뼈아픈 실망과 후회의 늪에 빠진다. 그녀는 비로소 레빈의 진정한 가치를 깨닫게 되고, 한층 성숙한 여성으로 거듭나게 된다.

약 1년이 흐른 뒤, 레빈은 다시 모스크바를 찾아 키티와 재회한다. 두 사람의 만남은 소설에서 가장 마음을 뒤흔드는 순간 중 하나다. 레빈은 키티에게 다시 청혼할 용기를 끌어모으고, 이번에는 기적 같은 성공을 거둔다. 청혼 장면에서 두 사람은 분필로 단어의 첫 글자만 써가며 은밀한 대화를 나눈다.

그는 분필을 집어 들고, 그녀를 보지 않은 채 큼직한 인쇄체로 글씨를 썼다.
'당신이 모든 것을 용서해 준다면, 만약 당신이 제가 희망을 가질 수 없다고 말한다면…'
그는 원래 이렇게 쓰고 싶었다.
'당신이 제가 희망을 가질 수 없다고 말한다면, 저는 마음이 편해질 겁니다.'
하지만 손이 그를 배신했고, 그는 전혀 다른 말을 적었다.
그는 이렇게 썼다.
'나는 당신을 사랑했고, 지금도 사랑하며, 언제까지나 사랑할 것입니다.'
그는 그녀를 바라보았다.
그녀는 그것을 빠르게 읽고는 긴장된 표정으로 탁자를 짚고 앉았다.
그는 분필을 낚아채어 적힌 글씨를 지웠다.
'나는 오래전부터 당신에게 이것을 말하고 싶었어요. …알고 있었나요?'
그녀는 고개를 끄덕였다.

'당신이 나를 거절했을 때, 그때에도 가능했었나요?' 그가 썼다.

그녀는 한참 동안 대답하지 않았다. 그는 그녀를 바라보았다.

'그때는… 저 자신을 이해하지 못했어요.' 그녀가 썼다.

이런 조심스럽고 친밀한 필담은 두 사람의 깊은 정신적 유대와 상호 이해를 생생하게 보여준다. 문학 연구자들은 이 장면이 단순한 청혼을 넘어서서, 두 사람이 과거의 상처를 치유하고 더욱 깊은 차원에서 다시 연결되는 순간이라고 평가한다.

레빈과 키티의 결혼식 장면은 러시아 정교회의 신성한 전통 의식을 세밀하게 묘사하며, 두 사람의 진정한 결합을 하늘이 축복하는 순간을 그려낸다. 결혼 후 그들은 레빈의 시골 농장으로 돌아가 새로운 인생을 시작한다.

톨스토이는 결혼 생활 초기의 어려움과 적응 과정도 현실적으로 포착해낸다. 키티와 레빈은 서로의 기대와 생활 습관 차이로 인한 갈등을 겪지만, 상호 존중과 이해를 바탕으로 이를 슬기롭게 극복해 나간다. 특히 레빈의 형 니콜라이가 병들어 죽어갈 때, 키티가 보여주는 헌신적 돌봄과 따뜻한 연민은 레빈에게 깊은 감동을 안기며, 그들의 관계를 한층 더 돈독하게 만든다.

연구자들은 레빈과 키티의 이야기가 단순한 로맨스를 넘어서서, 서로의 성장과 도덕적 발전을 통한 진정한 결합의 과정을 보여준다고 강조한다. 이들의 관계는 안나와 브론스키의 파괴적 열정과 선명하게 대비되며, 톨스토이가 꿈꾸는 이상적인 결혼의 모범을 제시하고 있다.

4.5 안나의 죽음: 비극의 절정

소설의 비극적 절정은 안나의 극단적 선택이다. 이 장면은 안나의 정신적 붕괴와 심리적 고립, 그리고 절망적 현실을 압축적으로 담아낸다.

안나의 마지막 하루는 브론스키와의 격렬한 논쟁 이후 그녀의 혼돈스러운 정신 상태로 시작된다. 그녀는 모스크바로 떠나기 위해 기차역으로 발걸음을 옮기지만, 그곳에서도 그녀의 생각은 점점 더 어둠 속으로 빠져든다. 그녀는 자신이 처한 상황에서 빠져나갈 출구를 찾을 수 없다고 느끼며, 죽음만이 유일한 해답이라는 절망적 결론에 도달한다.

그녀는 문득 자신이 무엇을 하고 있는지 깨달았다. 몸이 떨렸다.
'주여, 용서하소서.' 그녀는 삼켰다.
그녀는 무릎을 꿇고 기차 아래로 몸을 던지려 했다.
잠깐 멈칫했다.
'난 어디에 있는 걸까? 이걸 왜 하고 있는 걸까?'
스스로 묻곤, 일어서 달아나려 했다.
하지만 그 순간, 거대한 무엇인가가 그녀를 내리쳤다.
머리채가 움켜쥐어졌고, 등은 땅으로 처박혔다.
'주여, 용서하소서…'
그녀는 모든 것이 끝났음을 느끼며, 마지막 속삭임을 남겼다.

안나의 자살은 단순한 사랑의 좌절이나 절망의 산물이 아니다. 문학 연구자들의 분석에 따르면, 안나의 자살은 사회적 격리, 정신적 불안정, 모성적 사랑의 상실, 브론스키와의 관계 악화, 그리고 자신의 미래에 대한 절망이 복합적으로 작용한 비극적 결과다.

특히 주목해야 할 점은 안나의 죽음이 기차 바퀴 아래에서 이루어진다는 것이다. 소설 초반 기차역에서의 사고와 함께, 기차는 안나의 운명을 상징하는 핵심적 모티프로 기능한다. 연구자들은 기차가 19세기 근대화와 기계 문명의 상징인 동시에, 안나의 삶을 파괴한 거스를 수 없는 운명의 은유라고 해석한다.

안나의 마지막 순간에 그녀는 브론스키를 원망하지 않는다. 대신 그녀는 자신의 행동에 대한 책임을 받아들이고, 하느님께 용서를 간구한다. 이는 안나라는 인물이 지닌 도덕적 순수성을 마지막까지 보여주는 장면이다.

안나의 죽음 이후 소설은 레빈의 이야기로 시선을 돌린다. 이는 단순한 구조적 선택이 아니라, 톨스토이의 도덕적, 철학적 세계관을 드러내는 중요한 장치다. 안나의 비극적 마무리 이후, 레빈의 영적 각성은 소설에 희망과 구원의 가능성을 제시한다.

5. 예술적 기법과 상징

5.1 심리적 사실주의와 내면 묘사

『안나 카레니나』에서 가장 눈부신 예술적 성취 중 하나는 등장인물들의 심리 세계를 그려내는 톨스토이의 경이로운 재능이다. 그는 인물들의 사고와 감정, 내적 모순을 생생하게 포착하며, 이를 통해 인간 정신의 복잡성과 다층적 구조를 한 점의 왜곡도 없이 드러낸다.

톨스토이는 등장인물의 내면을 직접적으로 설명하기보다는, 그들의 생각과 인식을 독자들이 직접 체험할 수 있도록 만든다. 문학 연구자들은 톨스토이의 심리 묘사가 현대 심리학이 발견하기 훨씬 전에 이미 인간 의식의 흐름과 무의식적 동기, 그리고 내적 모순을 예리하게 포착했다고 높이 평가한다.

안나의 내면 풍경은 특히 정교한 붓질로 그려진다. 그녀의 감정적 변화와 갈등하는 마음, 그리고 점진적인 심리적 불안정화가 모두 섬세한 디테일을 통해 표현된다. 다음은 안나의 복잡한 심리 상태를 보여주는 대표적 예시다.

안나는 자신이 두 개의 분리된 존재라고 느꼈다. 하나는 전과 같은 여자, 덕망 있는 카레닌 부인, 아들을 사랑하는 좋은 어머니였다. 다른 하나는 새로운 안나, 브론스키가 사랑하는 여자, 죄 많은 정부였다. 그리고 이 두 안나는 때때로 그녀의 의식 속에서 함께 존재할 수 없었다.

톨스토이는 또한 인물들의 신체적 반응과 무의식적 몸짓을 통해 그들의 내면 상태를 암시하는 독창적 기법을 구사한다. 예를 들어, 카레닌의 습관적인 손 비비기, 안나의 특별한 눈빛, 레빈의 얼굴 홍조 등은 모두 그들의 심리 상태를 드러내는 중요한 신호들이다.

톨스토이의 심리적 사실주의가 단순히 인물의 감정을 묘사하는 차원을 넘어서서, 인간 의식의 복잡한 작동 방식과 자기 인식의 한계를 탐구하고 있다는 해석도 주목할 만하다. 등장인물들은 종종 자신의 감정과 동기를 완전히 이해하지 못하며, 이러한 자기 인식의 한계가 그들의 비극적 선택으로 이어지기도 한다는 것이다.

특히 주목해야 할 점은 톨스토이가 의식의 흐름 기법을 선구적으로 사용했다는 사실이다. 안나의 자살 전 혼란스러운 의식의 편린들, 레빈의 철학적 사색, 카레닌의 내적 갈등 등은 모두 현대 심리소설의 핵심 기법들을 예고하는 혁신적 시도였다.

5.2 상징과 모티프: 기차, 농촌과 도시, 빛과 어둠

『안나 카레니나』는 풍부한 상징과 반복되는 모티프들로 가득한 보석함 같은 작품이다. 이런 상징적 요소들은 단순한 문학적 장식이 아니라, 등장인물들의 운명과 소설의 핵심 주제를 깊이 탐구하는 필수적인 예술적 장치들이다.

가장 강력한 상징 중 하나는 기차다. 소설은 기차역에서 시작되어 기차 사고로 막을 내린다. 안나와 브론스키의 운명적인 첫 만남은 기차역에서 이루어지고, 바로 그 자리에서 한 선로 작업자의 비극적 죽음이 벌어진다. 안나의 자살 역시 기차 바퀴 아래 몸을 던지는 것으로 완성된다. 기차는 19세기 러시아의 급속한 근대화와 산업화를 상징하는 동시에, 피할 수 없는 운명의 힘과 파괴적 에너지를 암시한다.

농촌과 도시의 대조도 중요한 상징적 구조를 이룬다. 레빈의 농촌 생활은 자연스러움과 진실성, 생산적 노동의 터전으로 그려지는 반면, 모스크바와 페테르부르크의 도시 생활은 인위적이고 위선적이며 소비적 향락의 무대로 묘사된다. 특히 레빈이 농부들과 함께 참여하는 건초 베기 장면은 농촌 노동의 자연스러운 리듬과 집단적 조화를 보여주는 상징적 명장면이다.

빛과 어둠의 이미지도 소설 전체를 관통하며 나타난다. 안나는 종종 그녀의 눈에서 발산되는 특별한 빛으로 묘사되지만, 소설이 진행됨에 따라 이 빛은 점차 어둠에 잠식당한다. 안나와 연결된 빛의 이미지가 처음에는 그녀의 생명력과 진실성을 상징하지만, 후에는 병적인 흥분과 불안정성의 표현으로 변모한다는 해석이 설득력을 갖는다.

거울과 반영의 모티프도 빈번하게 등장한다. 안나는 종종 거울을 통해 자신을 응시하며, 이는 그녀의 자아 분열과 자기 인식의 변화를 선명하게 보여준다. 브론스키의 애마 프루-프루 역시 안나의 상징적 반영으로 읽힐 수 있다.

눈과 시선의 이미지도 핵심적인 상징으로 기능한다. 안나의 표현력 넘치는 눈, 카레닌의 차가운 시선, 키티와 레빈이 주고받는 의미심장한 눈빛 등은 모두 인물들의 내면 상태와 관계의 본질을 드러내는 중요한 디테일이다.

톨스토이의 상징이 추상적 관념의 단순한 구체화가 아니라, 일상적 사물과 현상이 지닌 더욱 깊은 의미와 연결성을 발견해내는 방식이라는 해석이 특히 흥미롭다. 이런 상징적 요소들은 소설의 표면적 이야기 아래 흐르는 더욱 깊은 의미의 지층을 형성한다.

5.3 문체와 서술 방식: 톨스토이의 목소리

톨스토이의 독창적인 문체와 서술 기법은 『안나 카레니나』의 가장 빛나는 예술적 특징이다. 그의 문체는 명료함과 정확성, 그리고 풍부한 세부 묘사를 근간으로 한다. 그는 인물의 외모와 몸짓, 목소리에서부터 그들의 의상과 주변 환경, 심지어 날씨의 미묘한 변화까지 모든 세부 사항을 마치 현미경으로 들여다보듯 정밀하게 포착해낸다.

문학 연구 영역에서는 톨스토이의 문체를 '전지적 미시적 관찰'이라고 명명한다. 그는 전능한 서술자의 시점을 유지하면서도, 인간 경험의 가장 미세한 순간들까지 놓치지 않고 잡아낸다. 그의 묘사는 때로는 거의 영화적인 특성을 보이며, 독자들이 장면을 눈앞에서 펼쳐지는 것처럼 생생하게 그려볼 수 있도록 만든다.

톨스토이의 서술은 객관적 관찰과 도덕적 판단 사이를 능숙하게 오간다. 그는 인물의 행동을 중성적으로 묘사하면서도, 종종 그들의 동기와 선택에 대한 은밀한 평가를 암시한다. 문학 비평계에서는 톨스토이의 서술자가 완전히 중립적이지도, 완전히 판단적이지도 않은 절묘한 균형점을 유지한다고 해석한다.

특히 눈에 띄는 것은 톨스토이가 주요 인물들의 시점을 자유자재로 오가는 솜씨다. 그는 안나, 브론스키, 카레닌, 레빈 등 여러 인물의 내면으로 깊숙이 들어가 그들의 눈으로 세상을 바라보게 한다. 이런 다중 시점 기법은 동일한 상황이나 사건에 대한 다양한 해석과 반응을 보여줌으로써 소설에 심리적 깊이와 도덕적 복잡성을 더해준다.

톨스토이는 또한 평범한 일상의 디테일과 철학적 사색을 자연스럽게 융합시키는 놀라운 재능을 보여준다. 그는 작은 일상적 순간들, 예를 들어 식사 장면이나 산책, 사교 모임을 그리면서도, 그 속에서 인간 존재의 근본적 질문들을 깊이 탐구한다. 톨스토이에게 일상은 단순한 배경이 아니라, 인간의 도덕적, 영적 갈등이 치열하게 펼쳐지는 핵심 무대인 것이다.

문체적으로도 톨스토이는 단순하고 직접적인 표현과 복잡한 구문 구조를 절묘하게 조화시킨다. 그의 문장은 때로는 매우 길고 정교하며, 여러 층위의 생각과 관찰을 한 번에 담아낸다. 하지만 동시에 그의 언어는 언제나 명확하고 정확하며, 불필요한 수사적 치장을 철저히 배제한다.

연구자들은 톨스토이의 문체적 성취가 복잡한 인간 경험을 정확하게 포착하면서도, 그것을 독자에게 직접적이고 접근 가능한 방식으로 전달하는 탁월한 능력에 있다고 평가한다.

5.4 구조적 대비와 병렬 서사

『안나 카레니나』가 지닌 가장 빛나는 예술적 성취 중 하나는 바로 구조적 대비와 병렬 서사를 통해 인간 존재의 복층적 의미를 드러내는 작가의 탁월한 감각이다. 톨스토이는 서로 대조되는 인물들과 상황들, 그리고 주제들을 정교하게 배치함으로써 각각이 지닌 본질적 의미를 더욱 선명하게 부각시키며, 작품 전체의 주제적 깊이를 심오한 차원으로 끌어올린다.

이 소설의 근본적인 대비 구조는 안나와 브론스키의 파멸적 사랑과 레빈과 키티의 구원적 사랑 사이에서 펼쳐진다. 문학 연구들이 일관되게 지적하듯이, 이 두 사랑의 궤적은 사랑과 결혼, 그리고 도덕적 선택이라는 동일한 인간적 주제에 대한 정반대의 접근 방식과 그 결과를 극명하게 보여준다. 안나와 브론스키의 관계가 자기파괴적 열정의 소용돌이 속으로 빠져들어간다면, 레빈과 키티의 관계는 서로를 성숙하게 만드는 상호 성장과 영적 발전의 축복된 여정을 걸어간다.

결혼이라는 제도가 담을 수 있는 다양한 모습들 또한 작품 전반에 걸쳐 체계적으로 대비된다. 카레닌과 안나의 형식적이고 공허한 결혼, 스티바와 돌리의 위기에 직면했으나 끈질기게 유지되고 있는 결혼, 그리고 레빈과 키티의 진실되고 날마다 새로워지는 결혼은 모두 결혼이라는 하나의 제도가 얼마나 다양한 인간적 가능성을 품을 수 있는지를 생생하게 증명한다.

도시와 농촌의 대비 역시 소설 전체를 관통하며 깊은 상징적 의미를 발산한다. 페테르부르크와 모스크바로 대표되는 인위적이고 위선으로 가득한 사회적 환경은 레빈의 농장이 상징하는 자연스럽고 생산적인 농촌의 삶과 선명한 대조를 이룬다. 문학 비평가들이 예리하게 분석하듯이, 이러한 공간적 대비는 단순한 배경 설정을 넘어서 소설의 핵심 주제인 진정성과 위선의 근본적 대립을 구체적으로 형상화하는 중요한 장치로 기능한다.

톨스토이는 또한 동일한 상황에 대한 서로 다른 인물들의 반응을 대비시킴으로써 당대 사회의 모순을 날카롭게 폭로한다. 예컨대 안나의 불륜에 대한 사회의 가혹한 응징은 스티바의 불륜에 대한 관대한 묵인과 극명한 대조를 이루며, 이는 19세기 러시아 사회에 만연했던 성별에 따른 이중 기준의 잔혹한 현실을 적나라하게 드러낸다.

소설의 대미를 장식하는 결말에서도 가장 강렬한 대비가 등장한다. 안나의 절망적 자살과 레빈의 영적 각성은 소설이 제시하는 두 개의 극점을 형성하며, 문학 연구자들이 깊이 분석하는 바와 같이 이 두 결말의 극적 대비는 톨스토이의 도덕적이고 철학적인 세계관을 압축적으로 드러내는 정수가 된다. 자기 파괴와 영적 구원이라는 인생의 두 가지 근본적 선택지가 우리 앞에 생생하게 제시된다.

이러한 구조적 대비는 결코 단순한 형식적 기교에 머물지 않으며, 소설의 주제 의식을 심화하고 확장하는 핵심적인 예술적 전략으로 작용한다. 톨스토이는 이 정교한 대비를 통해 인간 경험이 지닌 복잡성과 도덕적 선택이 가져오는 결과의 무게를 독자들의 마음에 더욱 깊이 새겨 넣는다.

6. 수용과 영향

6.1 동시대적 비평과 반응

『안나 카레니나』는 1873년부터 1877년까지 「러시아 통보」에 연재되는 순간부터 러시아 문학계와 독자들의 마음을 뜨겁게 달구며 전례 없는 문학적 열풍을 불러일으켰다. 매월 발표되는 각 장은 살롱과 문학 서클에서 격렬한 토론과 논쟁의 중심이 되었으며, 독자들은 다음 호를 애타게 기다리며 밤잠을 설치곤 했다.

이 불멸의 걸작에 대한 초기 반응은 마치 두 개의 상반된 세계가 충돌하듯 극명하게 갈라져 있었다. 예술의 진정한 가치를 알아보는 일부 비평가들은 작품이 보여주는 인간 내면의 심연과 문학적 완성도에 경이로운 찬사를 보냈으나, 보수적 성향의 다른 비평가들은 그 도덕적 메시지와 사회적 파급력에 깊은 우려와 비판을 쏟아냈다. 독자들의 반응 역시 그들 각자의 정치적, 사회적 신념에 따라 천양지차로 엇갈렸다.

보수적인 문학 평론가들은 소설이 불륜이라는 금기된 주제를 다루는 방식에서 강한 불편함을 드러냈다. 그들은 톨스토이가 안나의 불륜을 충분히 단죄하지 않았으며, 오히려 동정심을 불러일으키려 한다고 날카롭게 지적했다. 반면 진보적 사상가들은 작품이 여성의 억압된 사회적 지위와 결혼제도가 지닌 근본적 모순을 용감하게 폭로한 점에서 높은 평가를 내렸다.

특히 소설의 마지막 부분인 8부는 문학계에 거대한 논쟁의 폭풍을 몰고 왔다. 레빈의 영적 방황과 종교적 각성을 깊이 탐구하는 이 부분을 둘러싸고 편집자 카트코프와 톨스토이 사이에는 돌이킬 수 없는 불화가 벌어졌다. 카트코프는 이 철학적 성찰이 소설의 주요 서사와 동떨어져 있으며 지나치게 관념적이라고 강하게 반발했고, 결국 8부는 별도의 단행본으로 세상에 나올 수밖에 없었다.

그러나 진정한 예술의 가치를 꿰뚫어보는 천재적 안목을 지닌 도스토옙스키는 『안나 카레니나』를 "완벽한 예술 작품"이라고 극찬하며 문학사에 길이 남을 명언을 남겼다. 그는 특히 톨스토이가 러시아 민족의 깊숙한 정신세계를 포착해내는 탁월한 능력에 경탄을 금치 못했다. 문학 비평가 니콜라이 스트라호프 역시 이 작품을 "현대 러시아 삶의 백과사전"이라고 불러 그 방대한 스케일과 깊이를 극찬했다.

문학사를 돌이켜보면, 동시대 비평가들 중 일부는 『안나 카레니나』가 지닌 혁신적인 구조와 전례 없는 심리적 복잡성을 온전히 이해하지 못했다는 아쉬움이 남는다. 그들은 종종 이 위대한 작품을 단순한 사회풍속 소설이나 뻔한 도덕적 우화로 축소해서 바라보려 했다. 작품이 지닌 진정한 문학적 가치와 인간 존재에 대한 깊은 통찰은 세월이 흘러감에 따라 점차 더욱 빛나며 인정받게 되었다.

러시아 국경을 넘어선 세계적 확산 또한 놀라울 정도로 신속했다. 『안나 카레니나』는 1886년 프랑스어 번역을 시작으로 1901년 영어 번역에 이르기까지 유럽 전역으로 번역되어 소개되었으며, 국경과 언어를 초월한 보편적인 문학적 걸작으로 빠르게 자리매김했다. 인간의 사랑과 고통, 그리고 구원에 대한 톨스토이의 깊은 성찰은 전 세계 독자들의 마음 깊은 곳을 울려 퍼지며 불멸의 감동을 선사했다.

6.2 세계문학으로서의 위치

『안나 카레니나』는 출간된 지 140년이 넘는 세월을 넘나들며 세계문학사에 영원히 빛나는 최고의 고전으로 우뚝 서 있다. 이 불멸의 걸작은 러시아라는 한 나라의 문학적 경계를 훌쩍 뛰어넘어 전 지구촌의 독자들과 작가들의 가슴에 깊은 울림을 전해왔다.

문학 연구자들이 한결같이 증언하듯이, 『안나 카레니나』가 세계문학의 성전으로 확고히 자리 잡은 까닭은 19세기 러시아라는 특정한 시공간의 울타리를 초월하여 인간 존재가 지닌 보편적 조건과 영원한 도덕적 딜레마를 깊이 탐구하기 때문이다. 사랑과 결혼, 배신과 죽음, 그리고 구원이라는 소설의 핵심 주제들은 문화와 시대의 장벽을 뛰어넘는 영원한 보편성을 품고 있다.

세계적인 대문호들은 『안나 카레니나』를 문학 예술의 최고 성취 중 하나로 한목소리로 찬양해 왔다. 윌리엄 포크너는 이 소설을 "지금까지 쓰인 최고의 소설"이라고 극찬했으며, 버지니아 울프는 톨스토이를 "위대한 심리학자이자 인간 영혼의 탐구자"라고 경외심 깊은 찬사를 바쳤다. 블라디미르 나보코프는 자신의 문학 강의에서 『안나 카레니나』를 심도 있게 분석하며 그 완벽한 예술적 완성도에 무한한 찬탄을 표했다.

『안나 카레니나』는 또한 현대 심리소설 발전사에 결정적인 전환점을 제공했다. 톨스토이가 구현해낸 혁신적인 심리적 사실주의와 의식의 흐름 기법은 제임스 조이스, 버지니아 울프, 윌리엄 포크너와 같은 20세기 실험적 작가들의 창작 기법을 놀랍도록 앞서 예견했다. 연구자들은 톨스토이가 『안나 카레니나』에서 보여준 인간 내면 심리 묘사의 깊이와 복잡성이 현대 소설의 심리적 탐구를 위한 튼튼한 토대를 마련했다고 높이 평가한다.

이 위대한 작품은 시간의 강을 거슬러 오르며 다양한 언어로 번역되어 전 세계 독자들의 서재를 채워왔다. 특히 콘스탄스 가넷, 에이머 모드, 리처드 피비어와 라리사 볼로혼스키의 영어 번역은 영어권 독자들에게 톨스토이의 세계를 소개하는 데 결정적인 역할을 담당했다. 각각의 번역은 톨스토이의 독특한 문체와 철학적 세계관을 전달하는 서로 다른 접근 방식을 통해 작품의 다층적 의미를 드러내 왔다.

문학 연구자들이 주목하는 바와 같이, 『안나 카레니나』의 세계적 영향력은 결코 문학적 영역에만 갇혀 있지 않다. 이 작품은 사랑과 결혼, 도덕과 사회적 관습에 관한 인류의 이해에 지속적이고도 깊이 있는 영향을 미쳐왔다. 안나의 비극적 운명은 억압적 사회 규범과 개인의 자유로운 영혼 사이의 영원한 갈등을 상징하는 보편적 아이콘이 되어 오늘날까지도 우리의 마음을 울린다.

6.3 현대적 해석과 재평가

현대의 비평가들은 『안나 카레니나』를 향한 끊임없는 탐구의 여정을 이어가며, 이 불멸의 걸작에 대한 새로운 해석과 재평가의 지평을 계속해서 확장해 나가고 있다. 페미니즘 비평과 정신분석학, 문화연구와 역사주의 등 다채로운 비평적 렌즈들을 통해 작품 속에 숨겨진 새로운 의미의 층위들이 찬란하게 조명되고 있다.

페미니스트 비평가들은 특히 안나가 맞닥뜨린 비극을 19세기 가부장적 사회 구조라는 거대한 맥락 속에서 혁신적으로 재해석해냈다. 안나의 파멸은 결코 한 개인의 도덕적 실패나 의지의 나약함에서 비롯된 것이 아니라, 여성에게만 가혹한 이중 기준을 강요하는 사회 시스템이 낳은 필연적 결과라는 것이다. 안나와 스티바가 저지른 동일한 불륜에 대해 사회가 보인 천양지차의 반응은 이러한 성별 기반 이중 기준의 잔혹함을 적나라하게 드러낸다.

정신분석학적 접근은 안나의 깊숙한 내면세계, 특히 모성에 대한 숭고한 사랑과 타오르는 성적 욕망 사이에서 벌어지는 치열한 갈등에 예리한 시선을 집중시킨다. 안나의 심리적 붕괴는 그녀가 모성적 정체성과 여성으로서의 성적 자아 사이의 근본적 분열을 해결하지 못한 채 좌절했기 때문이라고 깊이 분석한다.

역사주의적 비평은 소설을 1870년대 러시아가 겪은 격동적인 사회적, 정치적, 경제적 변화의 생생한 맥락 속에서 새롭게 읽어낸다. 문학 연구가 밝혀내듯이, 『안나 카레니나』는 농노제 폐지 이후 러시아 사회가 경험한 급진적 변화와 그로 인한 깊은 정체성 위기를 생생하게 반영하고 있다. 레빈이 시도하는 농업 개혁과 관련된 장면들은 특히 이러한 역사적 맥락에서 중요한 의미의 무게를 지닌다.

21세기를 살아가는 독자들은 또한 소설이 품고 있는 종교적이고 영적인 차원에 새로운 관심과 깊은 주목을 기울이고 있다. 연구자들이 예리하게 지적하는 바와 같이, 현대 사회의 영적 공허함과 의미에 대한 간절한 추구 속에서 레빈의 종교적 탐구가 놀라운 현재적 의미를 획득하고 있다는 것이다. 레빈이 겪어내는 실존적 위기와 그 해결을 향한 고뇌의 과정이 현대인의 영적 방황과 깊은 공명을 이루고 있다.

『안나 카레니나』는 또한 시대를 초월해 다양한 예술 매체로 끊임없이 재탄생하고 있다. 수많은 영화와 텔레비전 시리즈, 연극과 발레, 그리고 오페라 등이 이 작품을 각자의 고유한 시각으로 새롭게 해석하며, 이는 소설이 지닌 지속적이고도 강력한 문화적 영향력을 생생하게 증명한다. 문학 연구에서 밝혀내듯이, 각 시대와 매체가 『안나 카레니나』의 서로 다른 측면들을 강조하며, 이를 통해 작품이 지닌 무궁무진한 해석 가능성의 보고가 드러나고 있다.

결국 『안나 카레니나』에 대한 현대적 재평가는 이 작품이 결코 박제된 역사적 유물이 아니라, 여전히 생생하게 살아 숨 쉬며 우리와 대화하는 역동적 텍스트임을 웅변하고 있다. 문학 비평계가 한목소리로 평가하듯이, 톨스토이의 『안나 카레니나』가 시간의 강을 넘나들며 영원한 작품으로 우뚝 선 까닭은 인간 조건의 근본적 질문들을 깊이 탐구하면서도, 각 시대와 독자가 자신만의 고유한 의미를 발견할 수 있는 열린 가능성을 품고 있기 때문이다.

6.4 한국에서의 수용과 연구 동향

『안나 카레니나』는 한국 문학계와 독자들의 마음속에도 깊이 뿌리내리며 지속적이고도 강렬한 영향력을 행사해 왔다. 한국에서 톨스토이 작품에 대한 수용은 일제강점기의 암울한 시대부터 조심스럽게 싹을 틔웠으나, 『안나 카레니나』의 진정한 의미가 담긴 본격적인 번역과 학문적 연구는 1960년대 이후에야 활발한 꽃을 피우기 시작했다.

문학 연구가 밝혀내는 흥미로운 사실에 따르면, 한국에서 『안나 카레니나』는 톨스토이의 또 다른 대작인 『전쟁과 평화』보다 훨씬 더 광범위하게 읽혔으며, 특히 여성 독자들 사이에서 마음을 뒤흔드는 커다란 반향을 일으켰다. 이는 작품이 지닌 인간 내면의 심리적 깊이와 사랑과 결혼이라는 보편적 주제가 한국 독자들의 가슴에 생생한 공감을 불러일으켰기 때문으로 해석된다.

한국에서 『안나 카레니나』는 시대의 물결을 타고 끊임없이 새롭게 태어났다. 시대마다 그 시대를 대표하는 번역가들이 자신만의 언어적 감수성으로 톨스토이의 숨결을 한국어로 옮겨 놓았다. 어떤 번역은 우아하고 고전적인 향기를 풍기며 독자들을 19세기 러시아의 살롱으로 초대했고, 또 어떤 번역은 현대적이고 생동감 넘치는 문체로 안나의 열정을 오늘날의 언어로 되살려냈다. 최근에는 원문의 결을 더욱 세밀하게 살려내려는 번역가들의 노력이 이어지며, 톨스토이가 직접 우리에게 속삭이는 듯한 새로운 번역본들이 독자들을 찾아가고 있다. 이렇게 각각의 번역은 하나의 창문이 되어, 우리가 톨스토이의 광대한 우주를 서로 다른 각도에서 바라볼 수 있게 해준다. 젊은 독자들은 자신의 감성과 가장 잘 어울리는 번역을 통해 안나를 만나고, 그녀의 아픔과 사랑을 자신만의 방식으로 체험하게 된다.

학술적 연구 차원에서 살펴보면, 한국의 『안나 카레니나』 연구는 크게 세 가지 의미 있는 방향으로 전개되어 왔다. 첫째는 작품의 정교한 구조와 혁신적 서사 기법에 관한 형식주의적 연구이며, 둘째는 인물들의 복잡한 심리와 도덕적 주제 의식에 관한 내용 중심 연구이고, 셋째는 한국 문학과의 창조적 비교 연구이다.

특히 2010년 이후의 연구 동향을 면밀히 살펴보면, 페미니즘적 관점에서 안나의 비극을 새롭게 재해석하는 연구가 눈에 띄게 증가했다. 연구자들이 한목소리로 증언하듯이, 현대 한국의 페미니스트 비평가들은 안나를 단순한 비극의 희생양이 아니라, 가부장적 사회에 용감하게 저항하는 주체적 여성으로 혁신적으로 재평가하고 있다.

또한 최근 들어서는 레빈의 종교적이고 철학적인 탐구에 깊은 주목을 기울이는 연구도 활발히 증가하고 있다. 문학 연구에서 흥미롭게 지적하는 바와 같이, 한국의 연구자들은 레빈이 겪는 영적 위기와 그 해결을 향한 과정을 동양 철학, 특히 유교와 불교의 지혜로운 관점에서 비교 분석하는 창의적 시도를 펼치고 있다.

한국 문학과의 비교 연구 또한 의미 깊은 학문적 흐름을 형성하고 있다. 문학 연구가 보여주듯이, 염상섭과 이광수 등 한국 근대 소설가들의 작품과 톨스토이의 『안나 카레니나』 사이에 존재하는 미묘한 영향 관계와 주제적 공명을 탐구하는 연구가 활발히 진행되고 있다.

연구자들은 한국에서의 『안나 카레니나』 수용과 연구가 단순한 외국 문학에 대한 이해를 넘어서, 한국 사회와 문화 속에서 사랑과 결혼, 도덕과 종교에 관한 깊이 있는 담론을 형성하는 데 소중한 기여를 해왔다고 높이 평가하고 있다. 이는 톨스토이의 작품이 한국 문화 속에서 살아 숨 쉬는 생생한 텍스트로 기능해 왔음을 웅변하는 증거이다.

제4장 종교적 전환과 후기 사상

1. 영적 위기와 종교적 전환

1.1 『안나 카레니나』이후의 실존적 위기

『안나 카레니나』의 완성이 가져다준 찬란한 영광은 톨스토이를 세계적 거장의 반열에 올려놓았지만, 역설적이게도 이 눈부신 성취의 순간에 그는 존재의 가장 깊은 심연을 들여다보게 되었다. 1870년대 후반, 오십의 문턱을 넘어선 작가는 자신이 이룩한 모든 것들이 한낱 먼지처럼 무의미하게 느껴지는 절망적 회의에 빠져들었다. 인간이란 무엇이며, 우리는 왜 살아가는가라는 근원적 물음이 그의 영혼을 짓눌렀다.

세상 사람들이 선망하는 문학적 명성과 넉넉한 재산, 겉으로 보기에 화목한 가정이라는 삶의 요소들이 그에게는 오히려 견딜 수 없는 공허함의 근원이 되었다. 물질적 풍요와 사회적 인정이라는 세속의 축복들은 그의 목마른 내면을 채워주기는커녕 더욱 깊은 갈증만을 불러일으켰다. 『참회록』을 통해 드러난 당시 톨스토이의 정신세계는 처절했다. 오십에 이른 자신이 더는 주변에서 벌어지는 일들의 의미를 파악할 수 없게 되었으며, 무엇보다 삶을 지탱해주던 목적 자체가 사라져버렸다는 고백은 읽는 이의 가슴을 먹먹하게 만든다. 그의 모든 행동과 생각은 '그래서 어쩌란 말인가'라는 허무의 벽에 부딪혀 산산이 부서졌고, 존재의 이유를 상실한 채 살아간다는 것은 불가능에 가까운 고통이었다.

일기와 편지들 속에 새겨진 그의 고뇌는 더욱 생생하다. 생각을 거듭할수록 삶이 점점 더 무의미한 것으로 다가왔고, 자살 충동이 수시로 그를 엄습했다는 진솔한 기록들은 한 인간이 겪을 수 있는 정신적 고통의 극한을 보여준다. 이것은 흔히 말하는 중년의 위기나 일시적 우울과는 차원이 다른, 존재론적 물음에서 비롯된 형이상학적 고뇌였다. 삶과 죽음, 유한과 무한, 의미와 무의미 사이에서 방황하는 한 영혼의 절규가 거기 있었다.

이 혼돈과 절망의 긴 터널 속에서 톨스토이는 삶의 의미를 찾기 위해 과학과 철학, 종교 등 인간 지성이 닿을 수 있는 모든 영역을 필사적으로 탐색했다. 쇼펜하우어와 칸트, 헤겔 등 위대한 철학자들의 저작을 밤새워 연구했으나, 이들의 추상적 사변이 그의 구체적이고 절실한 실존적 갈망에 충분한 해답을 제시하지 못했다. 또한 당시 지식계를 풍미하던 과학적 유물론과 실증주의 역시 그의 영혼이 목말라하는 근본적 질문을 해소해주지 못했다.

톨스토이의 위기는 개인적 차원을 넘어서는 시대적 현상의 한 단면이기도 했다. 19세기 후반 러시아 지식인 사회는 전통적 가치체계의 급격한 붕괴와 새로운 사조들의 혼재 속에서 심각한 정신적 표류를 경험하고 있었으며, 이러한 시대적 격동이 톨스토이의 개인적 고뇌를 더욱 깊고 첨예하게 만들었다.

톨스토이를 가장 깊이 괴롭힌 것은 죽음의 피할 수 없는 필연성과 그 앞에서 드러나는 인간 존재의 절대적 무력감이었다. 사랑하는 형 니콜라이(1860년)와 어린 세 자녀의 비통한 죽음을 목격했던 그는, 세속적 성공과 명예가 죽음 앞에서 얼마나 허무하게 무너져내리는지를 뼈저리게 체감했다.

또한 톨스토이의 위기는 자신이 향유하는 귀족적 특권과 주변 농민들의 극심한 궁핍 사이의 참을 수 없는 괴리에 대한 도덕적 각성에서도 깊이 기인했다. 그는 자신의 부와 지위가 타인의 혹독한 노동과 고통을 디딤돌로 삼고 있다는 현실에 점점 더 견디기 힘든 양심의 고통을 느꼈다. 그의 예민한 도덕적 감수성은 자신이 누리는 물질적 풍요와 그것을 가능케 하는 사회적 불의 사이의 모순을 더 이상 외면할 수 없게 만들었다.

『안나 카레니나』의 레빈이 소설 말미에서 겪어내는 실존적 위기와 종교적 깨달음은 바로 이 시기 톨스토이 자신이 몸으로 체험한 영혼의 여정을 고스란히 반영한 것이었다. 레빈이 자기 자신에게 던진 "선한 삶이란 무엇인가?"라는 절실한 물음은 곧 톨스토이 자신의 가슴을 찢는 근본적 질문이기도 했다.

1.2 신앙의 재발견 과정

톨스토이의 영혼을 뒤흔든 실존적 위기는 결국 그를 깊고 절절한 종교적 탐구의 여정으로 이끌어갔다. 그는 자신을 휘몰아친 근본적 질문에 대한 해답을 찾기 위해 다양한 종교적 전통과 영적 가르침의 바다를 헤매며 찾아 나섰다. 이 처절한 탐색 과정은 단순한 지적 호기심이나 학문적 관심에서 비롯된 것이 아니라, 그가 절절히 토로한 바와 같이 "물 없이는 살 수 없듯이 의미 없이는 살 수 없는" 생존의 절박한 갈망에서 솟아났다.

처음에 톨스토이는 러시아 정교회의 품 안에서 구원의 실마리를 찾고자 했다. 미사에 경건히 참석하고, 교회가 정한 금식을 엄격히 준수하며, 종교적 의식들을 성실히 따르는 등 정통적인 신앙생활을 간절한 마음으로 시도했다. 그러나 시간이 흐를수록 그는 교회의 공허한 형식주의와 딱딱한 교리, 그리고 세속 권력과의 불편한 유착 관계에 깊은 회의와 실망을 품게 되었다. 그가 정교회에 등을 돌리게 된 핵심적 이유는 제도화된 교회가 예수의 순수한 원래 가르침과 점점 더 멀어져 가면서, 오히려 권력과 부의 기득권 구조를 정당화하는 도구로 전락했다고 여겼기 때문이었다.

정교회에 대한 뼈아픈 환멸 이후, 톨스토이는 복음서, 특히 마태복음의 산상수훈으로 직접 돌아가는 용기 있는 결단을 내렸다. 여러 언어로 번역된 성경을 밤을 새워가며 연구하고, 그리스어 원전을 직접 검토하며, 예수의 가르침을 자신만의 독창적 시각으로 해석하기 시작했다. 이 치열한 과정에서 그는 교회가 강조해온 복잡한 교리와 의식보다는 예수의 순수한 윤리적 가르침, 즉 비폭력과 사랑, 용서와 소박한 삶의 원칙에 마음의 중심을 두었다.

복음서 해석 작업에 온 영혼을 쏟아부으며 몰두하는 과정에서 톨스토이는 전통적 기독교 교리의 상당 부분을 과감히 거부하는 지점에 이르렀다. 삼위일체와 예수의 신성, 성령의 역사와 성찬식, 부활과 기적 이야기들을 비합리적이라 단호히 판단했다. 대신 그는 예수를 인류 역사상 가장 위대한 도덕적 스승으로 인식했으며, 그의 윤리적 가르침만이 진정한 기독교의 영원한 본질이라고 굳게 확신했다.

톨스토이의 종교적 탐구는 동시에 사회적이며 윤리적인 탐색의 성격을 깊이 내포하고 있었다. 그에게 진정한 신앙이란 초자연적인 믿음이 아니라 정의롭고 의미 있는 삶의 방식을 발견하고 실천하는 생생한 과정이었다. 톨스토이에게 신앙의 재발견은 곧 삶의 의미와 목적을 새롭게 확립하는 영혼의 대각성을 의미했다.

그의 종교적 탐색은 기독교라는 울타리에만 갇혀 있지 않았다. 불교와 도교, 유교와 힌두교 등 동양 종교의 경전과 가르침도 깊이 연구하며 탐구했다. 그는 이러한 다양한 종교적 전통에서 공통분모가 되는 도덕적 원칙을 발견하고자 열망했으며, 모든 위대한 종교적 전통이 비폭력과 사랑, 단순함과 진실성이라는 보편적 가치를 공유한다고 깊이 믿었다.

톨스토이의 영적 탐구는 그의 문학 작품에도 깊숙이 스며들어 새로운 생명력을 불어넣었다. 『안나 카레니나』 이후의 단편 『세 노인』(1885), 『사람은 무엇으로 사는가』(1885), 『이반 일리치의 죽음』(1886) 등은 모두 그의 새로운 종교적 시각과 깨달음을 섬세하게 담고 있다. 이 작품들은 단순한 문학 작품의 경계를 뛰어넘어 도덕적이고 영적인 우화의 성격을 띠게 되었다.

특히 주목할 만한 것은 톨스토이가 농민들의 소박하고 진실한 신앙에서 깊은 영감과 지혜를 발견했다는 점이다. 그는 지식인들의 복잡하고 현학적인 철학적 체계보다 단순한 농민들의 삶의 방식과 순수한 신앙에서 훨씬 더 심오하고 진실한 지혜를 발견했다. 『안나 카레니나』에서 레빈이 농부 표도르를 통해 삶의 진정한 의미를 깨닫는 감동적 장면은 바로 이러한 톨스토이 자신의 생생한 경험을 고스란히 반영한 것이었다.

톨스토이의 신앙 재발견은 엘리트 지식인의 고고한 지적 여정을 뛰어넘어, 러시아 민중의 순수한 영적 지혜와의 감격적 만남을 통한 자기 변혁의 과정이었다. 이 깊은 변화의 과정을 통해 그는 소박한 삶과 몸을 쓰는 노동, 모든 생명에 대한 경외와 존중, 그리고 비폭력의 원칙을 자신 삶의 흔들리지 않는 중심에 두게 되었다.

1.3 『참회록』: 위기와 전환의 기록

『참회록』(1879-1882)은 톨스토이가 자신의 영혼 깊숙한 곳에서 벌어진 치열한 싸움을 고백한 작품이다. 이 자전적 에세이는 한 인간이 절망의 나락에서 희망의 빛을 찾아가는 여정을 담고 있으며, 오늘날에도 삶의 의미를 찾아 헤매는 우리들에게 깊은 울림을 전해준다.

러시아 검열 당국은 이 작품의 출간을 막으려 했지만, 진실한 마음의 외침은 막을 수 없었다. 필사본으로 사람들 손에서 손으로 전해진 『참회록』은 1884년 제네바에서 드디어 세상의 빛을 보았고, 수많은 언어로 번역되어 영혼의 갈증을 느끼는 독자들의 마음에 단비가 되어주었다.

『참회록』은 톨스토이가 자신의 인생을 깊이 되돌아보는 진솔한 성찰에서 출발한다. 어린 시절 품었던 순수한 믿음, 젊은 날의 방황과 탈선, 문학가로서 얻은 명성과 부, 그리고 점점 커져가는 마음의 공허함까지 그는 아무것도 숨기지 않고 드러낸다. 과거의 자신과 작품들을 향해 가차 없는 비판을 가하면서도, 그 솔직함 속에서 우리는 진정한 용기를 발견하게 된다.

『참회록』에서 톨스토이는 자기 자신을 철저히 부정하는 고통스러운 과정을 통해 새로운 자아로 거듭나는 모습을 보여준다. 이것은 단순한 회상록이 아니라, 한 인간이 근본적으로 변화하기 위해 치른 내적 투쟁의 생생한 기록이다.

작품 속에서 톨스토이는 자신이 겪었던 실존적 위기의 본질을 처절하게 드러낸다. 살아있는 동안 모든 것이 무너지고 사라지며 오직 죽음만이 남는다는 사실에 점점 익숙해지면서, 그는 일조차 할 수 없게 되었고 그저 죽음만을 기다리는 상태에 빠졌다고 고백한다. 이 모든 상황 속에서 자신이 아무것도 모르고 또 알 수도 없다는 자각은 그를 더욱 깊은 절망으로 몰아넣었다. 아무것도 모르면서 살아간다는 것이 불가능하다는 깨달음은 그의 존재 자체를 위협했다.

이처럼 깊은 절망 속에서도 톨스토이는 포기하지 않았다. 그는 삶의 의미에 대한 네 가지 답을 탐구했다. 의미에 대한 질문 자체를 외면하는 무지, 당장의 즐거움에 매달리는 쾌락주의, 무의미한 삶을 끝내려는 자살 충동, 그리고 더 높은 차원의 의미를 받아들이는 신앙이었다. 긴 고민 끝에 그는 마지막 길, 즉 신앙만이 참된 해답이라는 결론에 이르렀다.

『참회록』에서 톨스토이가 제시하는 실존적 고민과 그 해결 과정은 20세기 실존주의 철학을 앞서 보여주는 놀라운 통찰이다. 죽음과 무의미함에 대한 그의 깊은 성찰은 후에 알베르 카뮈나 장폴 사르트르 같은 철학자들이 다룬 문제의식과 맞닿아 있다.

『참회록』의 후반부에서 톨스토이는 신앙을 통해 어떻게 삶의 의미를 다시 발견했는지 따뜻하게 들려준다. 그러나 그가 찾은 신앙은 기존의 틀에 갇힌 것이 아니었다. 교회의 형식적인 교리나

의식보다는 인간의 보편적 도덕과 소박한 삶의 방식에서 참된 가치를 발견한 것이다.

특히 주목할 점은 톨스토이가 러시아 농민들의 순수한 신앙에서 깊은 감동을 받았다는 사실이다. 고통과 죽음을 마주하는 그들의 자세, 단순하면서도 자연스러운 삶의 태도에서 그는 진정한 지혜를 만났다.

『참회록』에서 톨스토이는 지적 교만을 내려놓고 민중의 지혜와 영성을 겸허히 받아들이는 아름다운 변화를 보여준다. 이러한 전환은 그의 후기 사상과 실천의 든든한 토대가 되었다.

이 작품은 톨스토이의 영적 여정이 끝난 곳이 아니라 새로운 시작점이었다. 이후 그는 자신의 종교적 사상을 더욱 깊이 발전시키고 체계화하며, 이를 삶 속에서 실천하려는 노력을 멈추지 않았다. 『참회록』은 그의 후속 종교적 저술들인 『나의 신앙은 어디에 있는가』(1884), 『신의 나라는 너희 안에 있다』(1893) 등으로 이어지는 출발점이 되었다.

『참회록』은 개인적 고백을 넘어서 19세기 말 러시아 지식인 사회가 겪었던 영적 위기와 새로운 방향 모색을 상징하는 소중한 문헌이다. 당시 많은 러시아 지식인들에게 깊은 영향을 미쳤으며, 영적 갱신과 사회적 개혁에 대한 열망을 불러일으켰다.

2. 종교 철학

2.1 복음서 해석과 원시 기독교 지향

톨스토이의 종교 철학은 그가 평생에 걸쳐 독자적으로 발전시킨 복음서 해석에 뿌리를 두고 있다. 정통 기독교 교리의 틀을 벗어나 예수의 원래 가르침으로 돌아가려는 그의 간절한 시도는 하나의 독창적인 종교적 비전을 만들어냈다. 1880년대 초반부터 시작된 그의 복음서 연구와 재해석 작업은 단순한 학문적 탐구를 넘어 삶의 의미를 찾는 치열한 영적 여정이었다.

톨스토이의 복음서 해석은 역사적, 문헌학적 연구와 개인적 영적 탐구가 하나로 어우러진 것이었다. 교회의 권위와 전통적 해석을 과감히 거부하는 그의 접근법은 당시로서는 극히 급진적이었다. 그는 그리스어 원전과 다양한 번역본을 꼼꼼히 비교 연구하며, 복음서가 전하려는 핵심 메시지를 자신만의 방식으로 찾아내려 했다.

1881년에 톨스토이는 『복음서의 조화와 번역』이라는 뜻깊은 저서의 집필을 시작했다. 이 작품에서 그는 네 복음서의 내용을 세심하게 비교 분석하고, 자신이 깨달은 예수의 핵심 가르침을 중심으로 새롭게 재구성했다. 그는 복음서에서 초자연적 요소와 기적 이야기, 복잡한 신학적 교리를 제거하고, 예수의 순수한 윤리적 가르침에 온 마음을 기울였다.

톨스토이가 복음서에서 발견한 핵심 원칙은 다음과 같다.

　악에 대항하지 말라 (비폭력의 원칙)
　분노하지 말라 (내적 평화와 자기 통제)
　성적 욕망을 위해 아내를 버리지 말라 (성적 순결과 가정의 안정)
　맹세하지 말라 (진실성과 정직)
　원수를 사랑하라 (보편적 사랑과 용서)

톨스토이는 이 다섯 가지 원칙이 예수의 진정한 가르침의 본질이며, 이를 실천하는 것이 참된 기독교인의 삶이라고 확신했다. 그에게 이 원칙들은 단순한 도덕적 조언이 아니라, 문자 그대로 삶에서 실천해야 할 절대적 명령이었다.

특히 "악에 대항하지 말라"는 원칙은 톨스토이 종교 철학의 든든한 중심축이 되었다. 그는 이를 모든 형태의 폭력, 강제, 처벌에 대한 철저한 거부로 해석했다. 이는 전쟁, 법적 제재, 감옥, 사형, 심지어 범죄자에 대한 저항까지도 거부하는 급진적인 비폭력주의로 발전했다.

톨스토이의 복음서 해석은 또한 원시 기독교에 대한 강한 향수와 지향성을 보여준다. 그는 초기 기독교 공동체가 예수의 가르침을 더 순수하게 실천했으며, 후대의 제도화된 교회가 이를 왜곡했다고 깊이 믿었다. 그는 콘스탄티누스 황제 이전의 초기 기독교를 이상향으로 여겼으며, 국가 권력과 결탁한 공식 교회를 예수의 진정한 가르침에 대한 배반으로 보았다.

톨스토이의 이러한 해석은 그를 다양한 이단적, 비정통석 기독교 전통과 자연스럽게 연결시켰다. 그는 러시아의 이단 종파인 두호보르파, 몰로칸, 그리고 서유럽의 퀘이커교, 메노나이트교와 같은 평화주의 교파들에 깊은 관심과 공감을 보였다. 이들 모두 비폭력, 단순한 삶, 공식 교회 거부라는 공통된 가치를 품고 있었다.

톨스토이의 복음서 해석은 전통적 신학의 관점에서 보면 극단적으로 합리주의적이고 개인주의적이지만, 그의 진정한 의도는 기독교의 본질을 되찾는 것이었다. 그는 교회의 형식주의와 교리적 복잡성을 거부하고, 예수의 단순하고 실천적인 윤리적 가르침으로 돌아가고자 했다.

톨스토이의 이러한 노력은 『짧은 복음서』(1881), 『나의 신앙은 어디에 있는가』(1884), 『신의 나라는 너희 안에 있다』(1894) 등의 저작으로 아름다운 결실을 맺었다. 이 작품들은 모두 그의 복음서 해석과 종교적 비전을 체계적으로 발전시킨 소중한 유산이다.

톨스토이의 복음서 해석과 원시 기독교 지향은 단순한 학문적 관심이 아니라, 현대 사회의 폭력, 불의, 물질주의에 대한 근본적 대안을 모색하는 절실한 시도였다. 그의 종교적 탐구는 동시에 사회적, 정치적 함의를 가진 것이었으며, 이는 그의 후기 사회 비판과 도덕 개혁 활동의 튼튼한 토대가 되었다.

2.2 핵심 종교 사상: 비폭력, 보편적 사랑, 단순한 삶

톨스토이의 종교 철학은 몇 가지 핵심 원칙을 중심으로 깊이 펼쳐진다. 이 원칙들은 그의 모든 종교적, 윤리적, 사회적 사상의 단단한 뿌리를 이루며, 그가 추구한 삶의 방식을 온전히 규정한다.

첫째, 비폭력은 톨스토이 사상의 가장 근본적이고 흔들리지 않는 원칙이다. 그는 마태복음 5장 39절의 "악한 자를 대적하지 말라"는 예수의 가르침을 문자 그대로 받아들여, 모든 형태의 폭력과 강제를 단호히 거부했다. 이는 개인적 폭력뿐만 아니라, 국가가 행사하는 제도적 폭력, 즉 전쟁, 법적 처벌, 사형, 감옥에 대한 철저한 거부로 확장되었다.

톨스토이의 비폭력 원칙은 단순한 평화주의를 넘어, 인간 사회의 기본 구조를 근본적으로 재고하는 급진적 비전이었다. 그는 폭력이 문제를 해결하는 것이 아니라 더 많은 폭력과 증오를 낳을 뿐이라고 깊이 믿었으며, 진정한 변화는 오직 사랑과 설득을 통해서만 가능하다고 확신했다.

둘째, 보편적 사랑은 톨스토이 종교 철학의 빛나는 중심 원리다. 그는 마태복음 5장 44절의 "너희 원수를 사랑하라"는 가르침을 강조하며, 모든 인간에 대한 무조건적 사랑을 주장했다. 이는 가족이나 친구를 넘어, 적대자, 범죄자, 심지어 박해자까지도 사랑해야 한다는 혁명적인 요구였다.

톨스토이는 이러한 보편적 사랑이 인간의 본성에 내재된 것이라고 믿었다. 그는 『신의 나라는 너희 안에 있다』에서 "인간의 영혼 속에는 사랑의 씨앗이 있으며, 이것이 모든 사람 안에 있는 신성의 현현"이라고 주장했다. 그에게 사랑은 단순한 감정이 아니라 인간의 본질적 속성이자 삶의 원리였다.

셋째, 단순한 삶의 원칙은 톨스토이가 마음 깊이 강조한 또 다른 중요한 가치다. 그는 물질적 소유, 사치, 과시적 소비를 거부하고, 필요 최소한의 것으로 살아가는 검소하고 자급자족적인 삶을 이상으로 삼았다. 이는 예수의 가르침 "너희를 위해 보물을 땅에 쌓아두지 말라"(마태복음 6:19)에서 영감을 받은 것이었다.

톨스토이는 육체노동의 가치를 특별히 강조했다. 그는 모든 사람이 자신의 손으로 노동하여 생계를 유지해야 한다고 믿었으며, 이를 실천하기 위해 직접 농사를 짓고, 신발을 만들고, 집을 수리하는 등의 육체노동에 몸소 참여했다. 그에게 육체노동은 단순한 생계 수단이 아니라 영적 수행의 거룩한 형태였다.

넷째, 진실성과 정직의 원칙도 톨스토이 사상의 빼놓을 수 없는 측면이다. 그는 모든 형태의 거짓말, 위선, 가식을 거부했으며, 이는 사회적 관습이나 예의라는 이름으로 행해지는 작은 거짓말까지도 포함했다. 그는 "맹세하지 말라"는 예수의 가르침을 확장하여, 모든 상황에서 절대적 진실성을 추구했다.

다섯째, 모든 생명에 대한 존중은 톨스토이의 또 다른 소중한 원칙이다. 그는 인간뿐만 아니라 모든 생명체에 대한 존중과 연민을 강조했으며, 이는 그가 채식주의를 실천하게 된 근거가 되었다. 그는 동물 학대와 도살을 인간성에 대한 모독으로 보았으며, 이에 관한 에세이 『첫 번째 단계』(1891)를 저술했다.

톨스토이의 종교 사상은 이러한 원칙들의 단순한 집합이 아니라, 일관된 영적 비전을 형성한다. 이 원칙들은 서로 유기적으로 연결되어 있으며, 함께 인간의 영적 완성과 사회적 조화를 위한 포괄적인 경로를 제시한다.

톨스토이는 이러한 원칙들이 단순한 이상이 아니라 실제 삶에서 실천되어야 할 구체적 지침이라고 믿었다. 그는 자신의 삶에서 이 원칙들을 따르려고 치열하게 노력했으며, 이는 그의 생활 방식, 사회적 관계, 그리고 창작 활동의 모든 측면에 깊은 영향을 미쳤다.

톨스토이의 종교 사상은 기존 질서에 대한 근본적 도전이었으며, 이는 그를 자신의 계급과 문화적 배경으로부터 점점 더 소외시키는 결과를 가져왔다. 그의 급진적 원칙들은 그를 러시아 귀족 사회의 이단아로 만들었지만, 동시에 전 세계의 수많은 추종자에게 깊은 영감을 주었다.

2.3 주요 종교 저술 분석: 『나의 신앙은 어디에 있는가』, 『신의 나라는 너희 안에 있다』

톨스토이는 1880년대와 1890년대에 걸쳐 자신의 종교적 사상을 차근차근 체계화한 일련의 의미 깊은 저작들을 세상에 내놓았다. 이 중에서 『나의 신앙은 어디에 있는가』(1884)와 『신의 나라는 너희 안에 있다』(1893)는 그의 종교 철학을 가장 완전하고 아름답게 표현한 작품으로 평가받는다.

『나의 신앙은 어디에 있는가』는 톨스토이가 복음서, 특히 산상수훈에 대한 자신의 해석을 온 마음을 다해 체계적으로 제시한 저작이다. 이 책에서 그는 예수의 다섯 가지 계명인 '분노하지 말라, 간음하지 말라, 맹세하지 말라, 악에 대항하지 말라, 원수를 사랑하라'를 중심으로 자신의 신앙을 진솔하게 설명한다.

이 저서에서 톨스토이는 예수의 가르침을 문자 그대로 해석하며, 이를 실천하는 것이 진정한 기독교인의 삶이라고 깊이 믿었다. 그는 교회의 교리와 의식이 예수의 단순하고 직접적인 가르침을 왜곡했다고 아파하며, 원래의 순수한 메시지로 돌아갈 것을 간절히 촉구했다. 톨스토이는 특히 "악에 대항하지 말라"는 원칙에 온 정신을 집중하며, 이를 모든 형태의 폭력과 강제에 대한 거부로 해석한다. 그는 이 원칙이 전쟁, 법원, 감옥, 그리고 모든 형태의 국가 강제력을 부정하는 급진적 함의를 둔다고 확신했다.

『신의 나라는 너희 안에 있다』는 톨스토이의 종교 사상이 가장 완숙하고 빛나는 형태로 표현된 저작이다. 이 책은 비폭력 원칙의 사회적, 정치적 함의를 더욱 깊이 발전시키며, 국가와 교회에 대한 더 체계적이고 날카로운 비판을 제시한다.

이 저작의 제목은 누가복음 17장 21절에서 따온 것으로, 톨스토이는 이를 "신의 나라는 외부의 제도나 권위에 있지 않고, 각 개인의 내면적 영적 인식에 있다"는 의미로 해석했다. 이 책에서 톨스토이는 진정한 기독교가 교회의 의식이나 교리가 아니라, 개인의 양심과 내적 도덕 감각에 기초한다고 따뜻하게 주장했다.

『신의 나라는 너희 안에 있다』에서 톨스토이는 국가, 교회, 군대, 법원, 재산 소유와 같은 모든 사회 제도가 폭력과 강제에 기반하고 있으며, 따라서 예수의 가르침에 어긋난다고 용기 있게 주장한다. 그는 이러한 제도들이 부와 권력을 지닌 소수의 이익을 위해 가난한 다수를 억압하는 도구로 사용된다며 가슴 아파했다.

특히 이 책에서 그는 군사 징집제와 전쟁에 대한 강력하고 뼈아픈 비판을 전개한다. 그는 군대가 젊은이들을 "훈련된 살인자"로 만들며, 그들의 양심과 도덕적 감각을 파괴한다고 비통해했다.

『신의 나라는 너희 안에 있다』는 단순한 종교적 저술을 넘어, 현대 국가와 자본주의 시스템에 대한 근본적 비판을 담은 정치적 선언문의 성격을 갖는다. 이 책은 실제로 후대의 비폭력 저항 운동가들, 특히 마하트마 간디에게 깊은 영감과 용기를 주었다.

이 두 주요 저작 외에도, 톨스토이는 『종교란 무엇인가』(1902), 『내가 믿는 것』(1908) 등 수많은 종교적, 철학적 에세이를 정성껏 저술했다. 이 작품들은 모두 그의 종교적 비전의 다양한 측면을 발전시키고 구체화한 소중한 보석들이다.

톨스토이의 종교 저술은 19세기 말과 20세기 초 러시아를 넘어 전 세계적으로 큰 영향을 미쳤으며, 특히 평화주의, 비폭력 저항, 단순한 삶의 방식을 추구하는 다양한 운동에 힘찬 영감을 제공했다. 이 작품들은 러시아에서는 검열로 인해 완전한 형태로 출판되지 못했으나, 해외에서 출판되어 널리 읽혔으며, 수많은 언어로 번역되어 세계 곳곳의 독자들의 마음에 깊은 감동을 주었다. 톨스토이의 종교적 저술은 그의 문학 작품과 함께 그의 국제적 명성과 영향력을 확장하는 데 중요한 역할을 했다.

톨스토이의 종교 저술은 그 급진성과 체계성으로 인해 당대의 많은 지식인에게 충격과 영감을 주었으며, 오늘날까지도 비폭력과 사회 정의를 위한 투쟁에 이론적 기반을 제공하고 있다.

3. 사회적 실천과 도덕적 개혁

3.1 톨스토이의 사회 비판: 국가, 교회, 자본주의

톨스토이의 종교적 신념은 사회의 모든 주요 제도들에 대한 근본적이고 뜨거운 비판으로 자연스럽게 발전해나갔다. 그는 국가와 교회, 그리고 자본주의 경제 체제가 모두 예수의 순수한 가르침에 정면으로 어긋나는 폭력과 착취의 원리 위에 구축되어 있다고 가슴 깊이 우려하며 아파했다.

국가에 대한 비판은 톨스토이 사회사상의 뜨겁고 타오르는 중심을 이루고 있다. 그는 국가라는 존재를 본질적으로 폭력적인 제도로 바라보았으며, 모든 정부 형태들, 즉 전제군주제와 입헌군주제, 민주주의가 궁극적으로 폭력과 강제라는 추악한 토대에 의존하고 있다고 가슴 아프게 통찰했다. 톨스토이는 국가의 존재 자체가 '악에 대항하지 말라'는 예수의 신성한 원칙에 정면으로 어긋난다고 깊이 확신했다.

톨스토이는 특히 국가가 수행하는 세 가지 기능에 날카롭고 강한 비판의 화살을 쏘아댔다. 첫째는 군대와 전쟁이라는 비극적 현실이다. 그는 군사 징집제를 순수한 젊은이들을 "직업적 살인자"로 변질시키는 잔혹한 제도로 바라보았으며, 모든 전쟁을 부자와 권력자들의 이익을 위해 순진한 민중을 희생양으로 내모는 끔찍한 거래로 해석했다. 그의 에세이 『애국심과 정부』(1900)에서 그는 애국심이 "다른 민족에 대한 배타적 사랑"을 부추겨 전쟁을 정당화하는 비극적 수단이 된다고 신랄하게 비판했다.

둘째는 법적 제도와 사법 체계에 대한 통렬한 비판이다. 톨스토이는 법원과 감옥이 본질적으로 폭력적인 제도이며, 인간의 소중한 자유와 존엄성을 무참히 짓밟는다고 분노에 찬 목소리로 주장했다. 그는 자신의 대작 『부활』(1899)에서 러시아의 사법 제도를 차갑고 냉혹하게 해부해 보이며, 그것이 진정한 정의보다는 계급적 이익을 보존하고 유지하는 데 봉사한다고 통렬하게 비판했다.

셋째는 조세 제도와 사유 재산에 대한 날선 비판이다. 톨스토이는 조세가 궁극적으로 폭력적 강제를 통해 징수되며, 사유 재산 제도가 사회적 불평등과 착취의 근본적 원인이라고 통찰했다. 그는 모든 토지가 공동으로 소유되어야 한다는 헨리 조지의 단일세 이론에 깊은 영감을 받았으며, 이를 자신의 저작 『그래서 우리는 무엇을 해야 하는가』(1886)에서 온 힘을 다해 옹호했다.

톨스토이의 국가 비판은 당시 러시아에서 가장 급진적인 무정부주의자들의 주장과 표면적으로 닮아 있었으나, 그 뿌리와 토대는 전혀 다른 곳에 있었다. 톨스토이의 무정부주의는 마르크스주의나 바쿠닌의 혁명적 무정부주의와 달리, 기독교적 비폭력 원칙이라는 영적 토양에 깊이 뿌리내리고 있었다.

교회에 대한 비판 역시 톨스토이 사상의 중요하고 핵심적인 부분이다. 그는 러시아 정교회를 비롯한 모든 제도화된 교회가 예수의 진정하고 순수한 가르침을 왜곡하고, 국가 권력과 추악하게 결탁하여 민중을 통제하는 비극적 도구가 되었다고 아픈 마음으로 비판했다. 그의 소설 『부활』과 에세이 『현대 신학의 교리비판』(1891)에서 그는 교회의 의식과 성례전(성찬, 세례, 고해 등), 그리고 교리가 모두 예수의 단순하고 명료한 도덕적 가르침을 복잡하고 이해하기 어려운 신학 체계로 변질시켰다고 분노에 찬 목소리로 주장했다.

톨스토이의 교회 비판은 단순한 제도적 개선이나 개혁을 넘어서서, 기독교의 본질에 대한 근본적이고 혁명적인 재해석을 간절히 요구했다. 그는 교회가 국가와 분리될 뿐만 아니라, 모든 형식적 의식과 교리적 권위를 과감히 포기할 것을 마음을 다해 촉구했다. 이러한 급진적이고 대담한 비판은 결국 1901년 그가 러시아 정교회로부터 파문당하는 비극적 결과를 가져왔다.

자본주의 경제 체제에 대한 비판도 톨스토이 사상의 중요하고 빼놓을 수 없는 측면이다. 그는 자본주의가 소수의 부자가 다수의 노동자를 착취하는 구조적 불의의 체제라고 날카롭게 통찰했으며, 특히 화폐와 임금 노동 제도를 마음 아프게 비판했다. 그의 에세이 『돈이란 무엇인가』(1896)에서 그는 화폐가 "자유로운 노동의 강제적 노예화"를 가능하게 하는 악마적 도구라고 신랄하게 주장했다.

톨스토이의 자본주의 비판은 마르크스주의적 계급 투쟁 이론과는 전혀 다른 도덕적, 영적 관점에서 이루어졌다. 그는 경제적 불평등의 근본 원인을 물질적 소유욕과 이기심이라는 인간의 어두운 본성에서 찾았으며, 그 해결책으로 단순한 삶과 자급자족이라는 아름다운 이상을 제안했다.

톨스토이의 사회 비판은 그의 소설과 에세이 모두에서 강력하고 생생하게 표현되었다. 특히 『부활』은 그의 후기 사회 비판이 가장 완전하고 예술적으로 구현된 작품으로, 러시아의 사법 제도와 감옥 시스템, 교회, 그리고 귀족 사회의 위선과 부패를 차갑고 신랄하게 해부해 보인다.

톨스토이의 사회 비판은 단순한 정치적 담론을 훌쩍 뛰어넘어, 인간 존재의 도덕적, 영적 차원을 포괄하는 총체적이고 거대한 비전을 세상에 제시했다. 그는 사회 개혁이 궁극적으로 개인의 도덕적 변화와 깊이 연결되어야 한다고 마음 깊이 믿었다. 이러한 관점에서 톨스토이의 사회 비판은 그의 종교적 비전과 뗄 수 없는 유기적 관계에 놓여 있었다.

3.2 비폭력과 양심적 거부의 원칙

톨스토이가 주장한 비폭력의 원칙은 책상 위의 공허한 이론적 개념에 머물지 않고, 현실의 삶을 근본부터 변화시키는 구체적이고 뜨거운 사회적 실천으로 아름답게 꽃을 피워냈다. 특히 그는 양심적 병역 거부와 조세 저항, 그리고 모든 형태의 비폭력적 불복종을 자신의 온 마음과 온 힘을 다해 열정적으로 옹호했다.

양심적 병역 거부는 톨스토이가 그 어떤 실천보다도 격렬하고 뜨겁게 외쳐댄 신념 중 하나였다. 그는 군사 징집제와 전쟁이라는 제도가 기독교의 가장 기본적이고 근본적인 원칙에 완전히 정면으로 위배되는 것이며, 따라서 진정한 기독교인이라면 어떠한 상황과 조건 하에서도 반드시 군 복무를 거부해야 한다고 목소리 높여 당당하게 주장했다. 톨스토이에게 병역 거부는 단순한 정치적 행위나 사회적 시위가 아니었다. 그것은 도덕적 필연성이자 거부할 수 없는 종교적 의무였다.

톨스토이는 러시아 전역 곳곳에서 징집을 거부하며 고통받는 젊은이들을 자신의 온 마음으로 따뜻하게 지원했다. 그는 이들이 겪는 아픔과 시련의 사례들을 하나하나 세심하게 기록하고 세상에 공개적으로 알렸으며, 정부 당국에 간절하고 진심 어린 편지를 보내 그들의 석방을 간곡히 요구했다. 그는 또한 『기독교와 애국심』(1894), 『애국심과 정부』(1900) 같은 저작들을 통해 병역 거부의 종교적, 도덕적 정당성을 체계적이고 논리적으로 논증해나갔다.

러시아의 두호보르파 사람들은 톨스토이의 비폭력 원칙에 깊고 진심 어린 공감을 표했으며, 1895년 그들은 용기 있게 집단적으로 병역을 거부하고 군대 앞에서 자신들의 무기를 불태우는 상징적 행동을 감행했다. 이러한 행동으로 인해 그들은 혹독하고 잔인한 박해를 받아야 했으며, 톨스토이는 그들을 돕기 위해 자신의 대작 『부활』로부터 얻은 저작권 수익을 아낌없이 기부하고, 그들의 캐나다 이주를 적극적으로 지원했다.

두호보르파 교도들에 대한 톨스토이의 지원은 그의 비폭력 원칙이 단순한 추상적 이론에 그치지 않고 실질적이고 구체적인 사회적 연대로 이어진 가슴 뭉클한 사례였다. 이 감동적인 사건은 또한 톨스토이의 국제적 명성과 전 세계적 영향력을 생생하게 보여주는 중요하고 의미 있는 예였다.

조세 저항 역시 톨스토이가 힘주어 주장한 비폭력적 불복종의 중요하고 핵심적인 형태였다. 그는 세금이 궁극적으로 군대와 전쟁을 지원하고 뒷받침하는 데 사용되므로, 평화주의자들은 마땅히 세금 납부를 단호하게 거부해야 한다고 확신에 찬 목소리로 주장했다. 그의 에세이 『현대 국가들에서 수행되는 첫 번째 단계』(1891)에서 그는 조세 저항을 통한 비폭력적 국가 해체의 가능성을 깊이 탐구했다.

톨스토이는 또한 법원과 사법 제도에 협조하는 것을 한 치의 망설임도 없이 단호히 거부했다. 그는 법정에서의 증언과 배심원 직무, 그리고 법적 분쟁 해결을 위한 소송 제기를 모두 완전히 거부했다. 그는 이러한 제도들이 궁극적으로 폭력이라는 토대 위에 구축되어 있으며, 따라서 진정한 기독교인이라면 이에 참여하지 않아야 한다고 마음 깊이 확신했다.

톨스토이의 비폭력 원칙은 소극적이고 수동적인 저항이 아니라, 사회 변혁을 위한 적극적이고 능동적인 전략으로 발전해나갔다. 그는 대규모의 조직적인 비폭력 불복종이 결국 국가의 강제력을 무력화시킬 수 있다는 희망에 찬 믿음을 가슴 깊이 품고 있었다.

톨스토이는 이러한 비폭력 원칙을 자신의 개인적 삶에서도 실천하려 끊임없이 부단히 노력했다. 그는 사냥을 완전히 중단하고 채식주의자의 길을 선택했으며, 동물에 대한 모든 형태의 폭력과 착취를 마음으로부터 거부했다. 그는 또한 가정 폭력과 체벌, 그리고 아이들에 대한 강제적 훈육에도 단호하게 반대했다. 그의 교육 철학은 아이들의 자연스럽고 순수한 발달을 존중하고, 모든 형태의 강제와 처벌을 배제하는 것이었다.

톨스토이의 비폭력 원칙은 모든 생명체에 대한 근본적 존중과 따뜻한 연민에서 비롯되었으며, 이는 그의 채식주의와 환경 보호, 동물권에 대한 관심으로 자연스럽고 유기적으로 확장되어나갔다. 이러한 포괄적이고 전인적인 비폭력 비전은 20세기의 환경 운동과 동물권 운동에도 깊고 지속적인 영향을 미쳤다.

톨스토이의 비폭력 원칙이 20세기의 중요한 사회 운동들에 미친 깊이 있는 영향을 고려할 때, 그는 단순한 문학가나 종교 사상가의 경계를 훌쩍 뛰어넘어 현대 비폭력 운동의 위대한 선구자로 평가받아 마땅하다.

3.3 농민 교육과 단순한 삶의 실천

톨스토이는 자신의 가슴 깊은 곳에서 우러나온 종교적 신념과 도덕적 이상을 공허한 말장난이 아닌 땀과 눈물이 배어든 구체적 행동으로 현실 속에 꽃피워나갔다. 그 무수한 실천들 가운데서도 농민들을 위한 교육 사업과 소박한 삶을 향한 멈추지 않는 노력은 그의 후반생을 꿰뚫는 가장 빛나는 두 개의 기둥이었다.

농민 교육을 향한 톨스토이의 뜨거운 열정은 그의 젊은 날들로 시간을 거슬러 올라간다. 1859년, 그는 야스나야 폴랴나의 푸른 들판 한편에 농민 자녀들을 위한 작은 학교를 정성스럽게 세워 올렸다. 그런데 1860년대 초반에 시작된 이 교육적 시도와 1880년대 이후에 펼쳐진 교육 활동 사이에는 작지만 결정적인 차이의 흔적이 새겨져 있었다. 초기의 교육 사업이 당시로서는 파격적이고 혁신적인 교육 방법론을 탐구하고 실험하는 데 마음을 쏟았다면,

후기의 교육 활동은 농민들의 도덕적, 영적 깨달음을 일깨우고 이끌어내는 신성한 도구로서 교육의 의미를 재발견하는 것이었다.

1880년대에 접어들면서 톨스토이는 농민들에게 단순히 글자를 읽고 쓰는 기계적 기술을 전수하는 차원을 훌쩍 뛰어넘어, 그들의 내면 깊은 곳에서 일어나는 성장과 정신적 각성을 도와주는 일에 온 마음을 기울이기 시작했다. 그는 농민들이 쉽게 이해하고 마음에 새길 수 있는 도덕적 이야기와 우화들을 자신의 손으로 직접 써서 그들에게 선물했으며, 이러한 작은 보석들은 『민중을 위한 독서』 시리즈라는 아름다운 화환으로 엮어져 세상의 빛을 보게 되었다. 이 소중한 시리즈 안에는 『세 노인』, 『사람은 무엇으로 사는가』, 『어디에 사랑이 있는 곳에 신이 있다』와 같은 마음을 울리는 단편들이 따스한 온기를 품고 담겨 있었다.

1884년, 톨스토이는 "포스레드니크"라는 출판사를 세상에 내놓으며 누구나 부담 없이 구할 수 있는 값싼 가격으로 교육적이고 도덕적인 문학 작품들을 농민들의 손길이 닿는 곳까지 널리 퍼뜨려나갔다. 이 출판사는 톨스토이 자신의 도덕적, 종교적 저작들과 더불어 세계문학의 영원한 걸작들을 평범한 농민들도 쉽게 이해할 수 있는 명료한 러시아어로 번역하여 세상에 내보내기도 했다.

톨스토이가 혼신의 힘을 다해 추진한 민중 교육 사업은 단순히 사회의 문맹률을 낮추려는 표면적 목적에 머물러 있지 않았다. 그것은 농민들의 마음속에서 도덕적 각성을 불러일으키고 사회적 자각을 깨우쳐내는 것을 궁극적이고 최종적인 목표로 품고 있었다. 그는 교육이야말로 썩어빠진 사회를 근본부터 변화시킬 수 있는 가장 강력하고 확실한 수단이라고 굳게 믿었으며, 특히 농민들이 자신들이 처한 현실과 마땅히 누려야 할 권리를 명확하고 분명하게 인식할 수 있도록 도와주고자 했다.

소박하고 단순한 삶을 향한 실천은 톨스토이 후반생을 관통하는 또 다른 핵심적인 기둥이었다. 그는 자신이 태어나면서부터 당연하게 누려온 귀족적 생활 방식을 조금씩 조금씩 포기해나가며, 흙을 만지며 살아가는 농부처럼 단순하고 소박한 삶을 살아가려 애썼다. 그는 채식주의자의 길을 선택했고, 술과 담배를 완전히 끊어버렸으며, 농사일과 구두 만들기, 목공 등의 거친 육체노동에 자신의 몸을 직접 던져 넣었다.

　톨스토이가 소박한 삶의 길을 추구한 것은 단순한 개인적 기호나 취향의 문제가 아니었다. 그것은 그의 종교적, 도덕적 신념이 자연스럽고 필연적으로 도달하게 된 삶의 결론이었다. 그는 사치와 낭비를 도덕적으로 도저히 용납할 수 없는 죄악으로 여겼으며, 모든 인간은 자신이 필요로 하는 것들을 충족시키기 위해 반드시 직접 노동해야 한다고 마음 깊이 확신했다.

　1880년대 초반, 톨스토이는 자신이 소유한 모든 재산을 가족들에게 양도하고 저작권까지도 포기하려는 과감한 시도를 했으나, 이는 아내 소피아의 격렬하고 완강한 반대에 부딪혀 완전히 실현되지는 못하는 아픔을 겪어야 했다. 그 대신 그는 자신의 일상적 생활 방식을 최대한 단순하고 소박하게 만들어나가며, 농민들과 똑같은 투박한 옷을 입고, 채식 위주의 간소한 식단을 유지하며, 꾸준히 육체노동에 참여하는 방식으로 자신의 신념을 묵묵히 실천해나갔다.

　1891년부터 1892년까지 러시아 대지를 휩쓸었던 참혹하고 끔찍한 기근이 닥쳤을 때, 톨스토이는 기근 구호 활동에 자신의 온 마음과 온 힘을 다해 뛰어들었다. 그와 그의 딸들은 툴라 지역과 랴잔 지역 곳곳에 구호소를 하나하나 설치해나가며, 굶주린 사람들을 위한 식량 배급과 의료 지원 체계를 정성스럽게 조직해나갔다. 이러한 활동들은 그의 가슴 깊은 곳에 자리잡은 사회적 책임감과 실천적 인도주의 정신을 가장 아름답게 보여주는 소중하고 감동적인 사례였다.

　톨스토이는 종교적 박해를 받으며 고통당하는 소수 집단들, 특히 두호보르파 교도들을 지원하는 활동에도 마음을 다해 적극적으로 나섰다. 그는 자신의 대작 『부활』로부터 얻은 저작권 수익 전부를 아낌없이 그들의 캐나다 이주를 돕는 일에 기부했으며, 국제적인 지원을 조직하기 위해 쉬지 않고 노력했다.

　톨스토이가 펼쳐나간 사회적 활동들은 그의 문학적, 종교적 작업과 떼어놓을 수 없는 하나의 유기적이고 밀접한 관계 속에 놓여 있었다. 톨스토이의 실천은 그의 사상이 추상적 관념에 머물지 않고 현실 속에서 구체적으로 피어난 생생한 모습이었으며, 그의 저작들은 그의 실천적 경험 속에서 우러나온 진정하고 깊이 있는 깨달음을 바탕으로 세상에 태어났다. 이처럼 이론과 실천이 완벽하고 아름답게 일치하는 모습은 톨스토이 후반기 활동에서 가장 눈부시게 빛나는 특징이었다.

　톨스토이가 마음과 삶으로 추구해나간 소박한 삶의 이상은 전 세계 곳곳에 흩어져 살아가는 수많은 추종자의 마음에 깊고 지속적인 영향을 끼쳤다. '톨스토이주의자'라고 불리는 이들은 러시아 안팎의 여러 지역에서 작은 공동체들을 이루어가며 그의 원칙에 따라 살아가려 끊임없이 애썼다. 이들은 채식주의와 금주, 육체노동과 비폭력, 그리고 소박하고 단순한 생활 방식을 자신들의 삶 속에서 몸소 실천해나갔다.

　톨스토이가 세상에 제시한 소박한 삶의 아름다운 비전은 20세기의 다양한 대안적 생활 방식과 생태적 지속가능성을 추구하는 운동들에 깊고 오래가는 영향을 미쳤다. 그의 반물질주의적 정신과 자급자족의 이상, 그리고 자연을 존중하고 사랑하는 마음가짐은 현대를 살아가는 우리들의 생태 운동과 지속 가능한 생활 방식을 추구하는 흐름과 놀라울 정도로 많은 공통점을 지니고 있다.

4. 교회와의 갈등과 파문

4.1 러시아 정교회에 대한 비판

톨스토이의 영혼 속에서 피어난 급진적인 종교적 깨달음과 정교회의 굳건한 교리 사이에는 도저히 메울 수 없는 심연이 가로놓여 있었다. 천 년의 세월을 거쳐 단단하게 굳어진 기독교 정통 신앙을 정면으로 부정한 그의 선택은 필연적으로 러시아 정교회와의 격렬한 충돌로 이어질 수밖에 없었다. 톨스토이가 교회를 향해 쏘아 올린 비판은 부분적 개혁이나 온건한 개선을 촉구하는 수준을 훨씬 넘어섰다. 그의 도전은 교회가 절대 불변의 진리로 수호해온 핵심 신조들과 신성한 권위의 토대 자체를 뿌리부터 뒤흔드는 혁명적 선언이었다.

톨스토이는 펜 끝에서 흘러나온 수많은 저작을 통해 정교회를 포함한 제도화된 기독교에 대한 날카롭고 예리한 비판의 화살을 쏘아댔다. 특히 『참회』, 『나는 무엇을 믿는가』, 『신의 나라는 너희 안에 있다』 같은 작품들에서 그는 교회의 교리와 의식, 그리고 권위의 구조를 한 치의 자비도 없이 해부해나갔다.

톨스토이가 교회를 향해 펼친 비판의 칼날은 크게 세 개의 날카로운 방향으로 뻗어 나갔다. 교리적 차원, 역사적 차원, 그리고 도덕적 차원이 바로 그것이었다.

교리적 차원에서 톨스토이는 삼위일체 교리, 그리스도의 신성, 부활, 성령의 역사, 기적과 같은 정통 기독교의 심장부를 이루는 핵심 교리들을 하나하나 철저히 거부해나갔다. 그는 이러한 교리들이 인간의 이성으로는 받아들일 수 없는 비합리적이고 미신적인 것들이며, 예수가 전한 순수하고 명료한 도덕적 가르침을 온갖 신비주의로 뒤틀어버린 결과물이라고 단언했다. 그는 『복음서의 조화와 번역』이라는 작품에서 자신만의 독특한 복음서 해석을 세상에 내놓았는데, 여기서 그는 모든 초자연적 요소들을 과감히 제거하고 오직 예수의 윤리적 가르침만을 빛나게 드러내려 했다.

역사적 차원에서 톨스토이는 교회가 4세기 콘스탄티누스 황제 시대를 기점으로 세속 권력과 손을 잡고 예수의 순결한 가르침을 배신했다고 주장했다. 그는 『신의 나라는 너희 안에 있다』에서 초기 기독교가 로마 제국의 공인 종교로 탈바꿈하는 과정에서 어떻게 그 원초적이고 순수한 정신을 잃어버리게 되었는지를 정밀하고 치밀하게 추적해나갔다.

도덕적 차원에서 톨스토이는 교회가 전쟁과 자본주의적 착취, 사형제도, 그리고 국가가 휘두르는 온갖 폭력들을 정당화하고 심지어 축복까지 내림으로써 예수가 삶으로 보여준 비폭력과 사랑의 원칙을 정면으로 배반했다고 신랄하게 질타했다. 그는 특히 러시아 정교회가 차르 정부의 억압적 정책들과 군국주의적 행보를 무조건 지지하는 모습에 대해 가슴 깊은 곳에서 끓어오르는 분노를 감추지 않았다.

톨스토이가 교회를 향해 던진 비판의 본질은 단순한 제도적 개혁이나 보완을 넘어서서, 기독교라는 종교 자체의 근본적 의미에 대한 완전히 새로운 해석을 요구하는 것이었다. 그에게 진정한 기독교의 핵심은 교회가 만들어낸 복잡한 교리나 화려한 의식 속에 있는 것이 아니라, 예수가 전한 도덕적 가르침을 일상의 삶 속에서 묵묵히 실천해나가는 것에 있었다.

톨스토이는 또한 교회의 위계질서로 굳어진 구조와 성직자들이 누리는 특권적 지위에 대해서도 강력한 반감을 드러냈다. 그는 모든 형태의 사제직과 교회 조직이 예수가 가르친 평등과 형제애의 정신에 정면으로 배치되는 것이라고 보았다. 그의 대작 『부활』에서 그는 교회의 의식들을 차갑고 냉소적인 시선으로 그려내며, 그것들이 진정한 영성과는 아무런 관련이 없는 공허하고 형식적인 연극에 지나지 않는다고 독자들에게 속삭였다.

톨스토이가 교회를 향해 던진 이러한 비판들은 당시 러시아 사회에서 극도로 위험하고 급진적인 것으로 받아들여졌다. 정교회는 러시아 제국을 떠받치는 세 개의 기둥 중 하나로 여겨졌기 때문에, 교회에 대한 공격은 곧 국가 체제 전체에 대한 도전으로 해석될 수밖에 없었다.

톨스토이의 정교회 비판은 그의 문학 작품과 종교 철학서들 속에서만 드러난 것이 아니었다. 그의 일상적인 행동과 삶의 방식에서도 이러한 신념들이 고스란히 드러났다. 그는 교회의 어떤 의식에도 참여하지 않았으며, 자신의 영지에서 살아가는 농민들에게도 교회의 형식적 의식보다는 예수의 실질적이고 구체적인 가르침을 따르라고 조언했다. 그는 또한 종교적 박해를 받으며 고통받는 소수 집단들, 특히 두호보르파와 몰로칸 같은 이단으로 낙인찍힌 종파들을 공개적으로 지지하고 옹호했다.

톨스토이가 교회를 향해 던진 비판은 단순한 신학적 논쟁의 차원을 훨씬 뛰어넘는 것이었다. 그것은 당시 러시아 사회의 정치적, 사회적 구조 전반에 대한 근본적이고 전면적인 도전이었다. 그의 비판은 종교적 영역의 경계를 가뿐히 넘나들며, 러시아 제국의 권위 구조 전체를 위협하는 것으로 받아들여졌다.

러시아 정교회는 처음에는 톨스토이의 비판을 대수롭지 않게 여기며 무시하려는 태도를 보였다. 하지만 그의 사상적 영향력이 점점 커지고 그의 저작들이 러시아 전역은 물론 해외에까지 널리 읽히게 되면서, 교회 당국은 점차 적극적이고 공격적인 대응에 나서지 않을 수 없게 되었다. 1890년대에 접어들면서 교회 당국은 톨스토이의 저작들을 공식적으로 금서로 지정하고, 그를 공개적으로 비난하고 공격하기 시작했다.

정교회와 톨스토이 사이에 벌어진 이 갈등은 단순한 신학적 견해 차이를 훨씬 넘어서는 의미를 지니고 있었다. 그것은 러시아 사회가 나아가야 할 미래의 방향에 관한 근본적이고 화해할 수 없는 대립을 상징적으로 보여주는 것이었다. 정교회는 천년의 전통과 권위를 바탕으로 한 사회 통합을 주장했고, 톨스토이는 개인의 양심과 이성을 기반으로 한 도덕적 혁신과 갱신을 외쳤다.

이렇게 첨예하게 대립하던 갈등은 마침내 1901년 톨스토이가 러시아 정교회에서 공식적으로 파문당하는 극적인 사건으로 그 정점에 도달했다. 이 충격적인 파문 사건은 러시아 사회 전체에 거대한 파장과 충격을 불러일으켰으며, 아이러니하게도 톨스토이의 명성과 사상적 영향력을 더욱 드높이는 예상치 못한 결과를 가져다주었다.

4.2 파문 사건의 경과와 반응

1901년 2월 22일, 구력으로 계산된 어느 차가운 겨울날, 러시아 정교회 신성종무원은 한 사람의 영혼을 교회 공동체에서 영원히 분리시키는 무거운 결정을 세상에 공표했다. 그 대상은 바로 톨스토이였다. 파문 선언문은 러시아 제국 곳곳의 모든 교회 강단에서 엄숙하게 낭독되었고, 『교회 소식』의 지면을 통해 공식적으로 전해졌다.

교회가 발표한 선언문의 언어는 냉혹했다. 톨스토이가 "예수 그리스도와 그의 거룩한 교회를 배반하고, 자신의 영혼을 파멸로 이끌었다"라는 단죄의 문장이 그것이었다. 신성종무원은 구체적인 근거들을 하나하나 열거했다. 삼위일체 교리의 부정, 예수 그리스도의 신성에 대한 거부, 동정녀 마리아에 대한 신앙의 포기, 부활 교리의 무시 등이 그 목록에 포함되어 있었다. 더 나아가 선언문은 그가 "교회의 성례전, 기도, 그리고 모든 기독교적 의식을 조롱했다"라고 신랄하게 비난했다.

이러한 파문 조치는 러시아 정교회 역사상 전례를 찾기 어려운 극단적인 결정이었다. 천 년을 넘나드는 러시아 정교회의 긴 전통 속에서 개인을 향한 공식적 파문은 손에 꼽을 정도로 드물었던 일이다. 이 사실 하나만으로도 톨스토이라는 존재가 교회에 가했던 충격의 깊이와 그의 사상이 지닌 파괴력을 짐작할 수 있다.

파문이라는 극단적 선택으로 교회를 몰아간 직접적인 방아쇠는 톨스토이의 소설 『부활』이었다. 1899년에 세상에 나온 이 작품에서 톨스토이는 정교회의 신성한 의식들, 그중에서도 가장 거룩하다 여겨지는 성찬식을 차갑고 냉소적인 시선으로 해부해 보였다. 그는 이 의식이 예수의 순수한 가르침과는 전혀 무관한 공허하고 형식적인 연극에 지나지 않는다고 독자들에게 속삭였다. 『부활』의 출간은 정교회 최고 지도부에게 톨스토이의 위험성을 더는 묵과할 수 없음을 깨닫게 하는 결정적 순간이 되었고, 파문이라는 최후의 선택지로 그들을 이끌었다.

그러나 파문 소식을 접한 톨스토이의 모습은 놀랍도록 차분하고 의연했다. 그는 『신성종무원에 대한 답변』이라는 글을 통해 자신의 입장을 분명히 밝혔다. "내가 정교회의 가르침을 거부했다는 것은 사실"이라고 솔직하게 인정하면서도, 동시에 자신이 "진정한 기독교적 가르침을 따르고 있다"라고 당당하게 주장했다. 더 나아가 그는 "파문은 내가 교회의 거짓된 가르침으로부터 완전히 자유로워졌음을 확인해 주는 것"이라며 오히려 이 사건을 해방의 의미로 받아들였다.

이 충격적인 소식은 러시아 사회를 두 개의 진영으로 갈라놓았다. 보수적 성향의 귀족들과 정부 관료들은 당연히 정교회의 엄중한 결정에 찬사를 보냈다. 하지만 지식인 사회와 진보적 인사들은 압도적으로 톨스토이의 편에 섰다. 이 파문 사건은 러시아 사회가 전통적 종교 권위로부터 점차 멀어져 가는 세속화의 흐름과 종교적 권위의 쇠락을 상징적으로 보여주는 역사적 분수령이 되었다.

특히 젊은 지식인들의 반응은 뜨거웠다. 그들은 톨스토이의 파문을 교회의 구태의연한 독단주의와 시대착오적 사고방식이 드러낸 자명한 증거로 받아들였다. 당대 최고의 철학자 중 하나였던 니콜라이 베르댜예프는 이 파문을 "정신적 자유에 대한 종교적 관료주의의 공격"이라는 날카로운 언어로 비판했다. 위대한 작가 막심 고리키 역시 톨스토이를 옹호하는 공개 성명을 발표하며 연대의식을 분명히 드러냈다.

러시아 국경을 넘어선 해외에서도 이 사건은 엄청난 관심과 주목을 불러일으켰다. 서유럽과 미국의 주요 언론매체들은 톨스토이의 파문 소식을 상세하게 보도했으며, 그 대부분이 그에게 깊은 동정과 지지를 표명했다. 아이러니하게도 파문이라는 교회의 징벌은 오히려 톨스토이의 국제적 명성을 한층 더 높이는 예상치 못한 결과를 낳았다.

러시아 정부의 입장은 복잡하고 미묘했다. 한편으로는 국가의 정신적 기둥 중 하나인 정교회의 권위를 무조건 지지해야 하는 의무가 있었다. 하지만 다른 한편으로는 이미 세계적 거장으로 인정받고 있던 톨스토이의 국제적 위상을 무시할 수도 없는 딜레마에 빠져 있었다. 결국 정부는 톨스토이 개인에 대한 직접적인 법적 탄압은 피하는 대신, 그의 사상을 추종하는 '톨스토이주의자들'에 대한 감시와 억압을 한층 강화하는 방향을 선택했다.

흥미롭게도 정부와 정교회는 톨스토이 본인보다도 그의 가르침을 실천하며 전파하는 '톨스토이주의자들'을 훨씬 더 위협적인 존재로 인식했다. 실제로 수많은 톨스토이주의자가 체포되어 시베리아의 혹독한 유배지로 보내지거나 조국을 등져야 하는 해외 추방의 아픔을 겪어야 했다.

그러나 파문이라는 극단적 조치에도 불구하고 톨스토이의 사상적 영향력은 조금도 줄어들지 않았다. 오히려 더욱 강력해졌다. 그의 저작들은 엄혹한 검열의 벽을 뚫고 계속해서 독자들의 손에 전해졌으며, 러시아 전역은 물론 해외 곳곳에서 그의 철학을 실천하려는 공동체들이 생겨났다. 그의 고향이자 정신적 성지인 야스나야 폴랴나는 이제 종교적 순례지의 의미를 지니게 되었고, 전 세계에서 몰려든 방문객들의 발길이 끊이지 않았다.

이 파문 사건은 개인의 양심과 종교적 권위 사이에서 벌어지는 근본적 갈등의 본질을 적나라하게 드러낸 역사적 순간이었다. 동시에 러시아 사회가 중세적 전통에서 근대적 가치로 이행하는 세속화 과정의 중요한 이정표 역할을 했다.

파문이라는 냉혹한 현실은 톨스토이의 노년에 지울 수 없는 상처를 남겼다. 겉으로는 초연하고 평정심을 유지하는 모습을 보였지만, 그의 개인적인 일기장과 친밀한 이들에게 보낸 편지들 속에는 이 사건이 가져다준 깊은 슬픔과 억누를 수 없는 분노가 고스란히 담겨 있었다. 톨스토이에게 파문은 단순히 종교 기관에서의 추방이 아니었다. 그것은 자신이 태어나면서부터 몸담고 살아온 문화적, 정신적 공동체로부터의 완전한 단절을 의미하는 것이었다.

1910년 톨스토이가 세상을 떠나기 직전, 그가 평생의 보금자리였던 야스나야 폴랴나를 뒤로하고 알 수 없는 방랑의 길을 택한 것도 이러한 깊은 소외감과 무관하지 않았다. 그의 인생 마지막 여행은 교회와의 어떤 화해도 없이 막을 내렸고, 그는 정교회의 종교적 의식 없이 야스나야 폴랴나의 고요한 숲 속 흙 아래 영원한 잠에 들었다.

4.3 톨스토이즘의 확산과 영향

톨스토이의 사상과 도덕적 가르침은 그가 살아있을 때부터 하나의 움직임으로 자라나기 시작했다. 이 흐름은 러시아뿐만 아니라 전 세계로 퍼져나가며 무수한 마음들을 움직였고, 그가 세상을 떠난 뒤에도 멈추지 않고 계속해서 인간들의 가슴에 울림을 전해주었다.

이 움직임은 단순히 문학을 사랑하는 이들의 모임이나 종교적 모임을 넘어서, 어떻게 살아가야 하는가에 대한 근본적인 질문에 답하려는 삶의 실험이었다. 그 중심에는 폭력을 거부하는 마음, 검소하고 소박한 일상, 모든 생명을 아끼는 마음, 손으로 하는 노동의 소중함, 그리고 권력과 권위에 굽히지 않는 정신이 자리했다.

블라디미르 체르트코프는 이 여정에서 가장 논란적이면서도 중요한 인물이었다. 부유한 귀족 가문의 자제였던 그는 톨스토이의 가르침에 깊이 감화되어 특권적 삶을 포기하고 민중 속으로 들어갔다. 그는 톨스토이와 2천 통이 넘는 편지를 주고받으며 가장 친밀한 동반자가 되었고, 스승의 저작들을 체계적으로 편집하고 출판하는 막중한 책임을 떠맡았다. 하지만 최근의 연구들이 드러내듯, 체르트코프와 톨스토이의 관계는 단순한 사제지간을 넘어선 복잡한 역학을 내포하고 있었다. 체르트코프는 때로 톨스토이의 삶과 유산을 통제하려는 집착적 면모를 드러냈고, 이는 톨스토이 가족과의 갈등으로 이어지기도 했다. 그럼에도 불구하고 그가 톨스토이 사상을 체계화하고 전파하는 데 기여한 공로는 부인할 수 없으며, 이러한 양면성이야말로 이상과 현실 사이에서 고투했던 톨스토이주의 운동의 복잡한 실상을 보여주는 것이기도 하다.

1880년대와 1890년대가 되자 러시아 곳곳에서 톨스토이의 가르침을 따라 살려는 사람들이 모여들기 시작했다. 이들은 함께 밭을 일구고, 자신의 손으로 일하며, 고기를 먹지 않고 술을 마시지 않으며 살았다. 이런 공동체들은 당시 러시아 사회의 심한 불평등과 끝없는 욕망 추구에 맞서는 다른 방식의 삶을 보여주었다.

특히 젊은 지식인들과 대학생들이 이 움직임에 많이 참여했다. 많은 청년이 대학 공부를 그만두고 시골로 내려가 농민들과 함께 일하며 톨스토이가 가르쳐준 방식으로 살아보려 했다. 이는 19세기 말 러시아 젊은이들이 품고 있던 이상과 사회의 불의에 대한 분노가 만들어낸 아름다운 실험이었다.

하지만 러시아 정부와 교회는 이런 움직임을 불안하게 여겼다. 톨스토이주의 공동체들은 경찰의 감시를 받았고, 자주 흩어지게 되었다. 많은 이들이 잡혀서 시베리아로 보내지거나 다른 나라로 쫓겨났다. 그러나 이런 어려움 속에서도 이 움직임은 오히려 더욱 강해졌다.

톨스토이의 사상은 러시아의 경계를 넘어온 세계로 번져나갔다. 영국과 미국, 독일과 프랑스에서 그의 책들이 번역되어 많은 사람이 읽었고, 그의 생각에 감동한 이들이 모여 단체를 만들기도 했다. 영국의 '톨스토이 모임'이나 미국의 '톨스토이 농장' 같은 곳에서는 그가 가르쳐준 방식으로 살아보려는 사람들이 모였다.

이렇게 톨스토이의 사상이 세계 곳곳으로 퍼져나간 것은 그의 메시지가 러시아만의 특별한 것이 아니라 모든 인간의 마음에 울리는 보편적이었음을 보여준다. 폭력을 거부하고, 소박하게 살며, 도덕적으로 깨끗해지려는 그의 메시지는 서로 다른 문화와 종교를 가진 사람들의 마음도 움직였다.

그중에서도 가장 감동적인 만남은 마하트마 간디와의 인연이었다. 간디는 톨스토이와 편지를 주고받으며 많은 것을 배웠고, 그의 비폭력 정신을 인도의 독립운동에 적용했다. 간디는 톨스토이를 쉬림하드 라지찬드라, 헨리 데이비드 소로, 존 러스킨과 함께 자신의 네 스승 중 한 분이라고 불렀다.

간디는 톨스토이에게서 배운 것을 실제 정치 행동으로 발전시켰고, 이는 결국 인도가 독립을 이루는 중요한 힘이 되었다. 톨스토이와 간디의 만남은 비폭력이라는 아름다운 정신이 온 세계로 퍼져나가는 데 소중한 역할을 했다.

러시아 혁명이 일어난 뒤, 새로운 정부는 톨스토이에 대해 복잡한 마음을 가지고 있었다. 한편으로는 그가 사회의 불의를 비판하고 평등을 추구한 것을 높이 샀지만, 다른 한편으로는 그의 비폭력 정신과 종교적 성향을 비판했다. 레닌은 톨스토이를 "러시아 혁명의 거울"이라고 불렀지만, 동시에 그의 "비폭력 저항"과 "도덕적 완성"을 추구하는 철학은 "시대에 뒤떨어진 것"이라고 평가했다.

1920년대 초반부터 소비에트 정부는 점점 더 톨스토이주의 공동체들을 압박하기 시작했다. 톨스토이주의의 종교적 바탕과 국가 권위를 인정하지 않는 태도는 새로운 체제와 맞지 않았다. 1930년대에는 거의 모든 톨스토이주의 공동체가 해체되었고, 많은 구성원이 체포되거나 시베리아로 유배되었다.

하지만 공식적인 탄압에도 불구하고 톨스토이주의의 정신은 사라지지 않았다. 그의 사상은 20세기의 여러 비폭력 운동, 환경을 지키려는 움직임, 채식주의 운동, 그리고 소박하고 의미 있는 삶을 추구하는 다양한 생활 방식에 계속해서 영감을 주었다.

톨스토이주의가 남긴 진정한 선물은 어떤 조직이나 종파가 아니라, 개인의 양심을 소중히 여기고 도덕적 실천을 강조하는 그의 정신적 가르침이다. 이런 가르침은 오늘날에도 전 세계의 평화를 사랑하는 사람들, 환경을 걱정하는 사람들, 그리고 사회를 더 좋게 만들려는 사람들에게 용기와 희망을 주고 있다.

5. 종교적 유산과 현대적 의의

19세기 말 러시아 정신문화의 전환점에서 형성된 톨스토이의 종교적 유산은 개인적 신앙 체험을 초월하여 근대 문명에 대한 포괄적 비판으로 발전했다. 그의 종교적 사유체계는 서구 계몽주의의 진보 신화와 제도화된 기독교의 형식주의를 동시에 초월하는 제3의 길을 모색함으로써, 기술 문명과 소비사회의 모순에 직면한 21세기 인류에게도 여전히 심원한 성찰의 거울을 제공한다.

『참회록』에서 극명하게 드러난 실존적 위기의 서사는 단지 한 문인의 사적 체험이 아닌, 근대성의 성취가 궁극적으로 인간 영혼의 근원적 물음을 해소하지 못한다는 통절한 인식의 표현이었다. "내 행동의 무의미함은 어디서 비롯되는가"라는 그의 절규는 키에르케고르의 불안 개념과 니체의 신의 죽음 선언 사이에 위치하는, 서구 형이상학 전통의 균열을 예견한 선구적 목소리였다.

톨스토이가 야스나야 폴랴나에서 구현하고자 했던 농민적 생활 세계는 낭만주의적 퇴행이 아닌, 상품화된 인간관계와 소외된 노동에 대한 급진적 대안 모색이었다. 그가 『안나 카레니나』의 레빈을 통해 암시했던 '토지에 뿌리내린 삶'은 보드리야르가 후에 '시뮬라크르의 사회'라 명명한 기호 소비사회에 대한 예지적 비판을 내포한다.

톨스토이의 '비폭력 원리'는 단순한 관념적 구상이 아닌, 20세기 해방 운동의 실천적 방법론으로 결정적 변용을 거쳤다. 『신의 왕국은 너희 안에 있다』에서 전개된 권력의 폭력성에 관한 그의 통찰은 폭력을 "국가 권력의 본질적 속성"으로 규정함으로써, 아렌트의 '폭력의 정치학'과 푸코의 '규율 권력' 개념을 선행적으로 암시했다.

톨스토이주의가 간디의 '사티아그라하' 운동에 미친 심원한 영향은 20세기 탈식민 투쟁의 도덕적 기반을 형성했으며, 더 나아가 하벨의 '무력자들의 위력' 개념에서 보듯 동유럽 민주화 운동의 이론적 자원으로 재발견되었다.

톨스토이의 종교관은 교리적 정통성보다 실천적 삶의 변화를 강조함으로써, 제도 종교의 경직성과 세속적 합리주의의 한계를 동시에 초월하는 독특한 영성의 경로를 개척했다. 『나의 신앙은 어디에 있는가』에서 그는 교회의 교의학적 형식주의와 지성인들의 허무주의를 동일한 뿌리, 즉 진정한 삶의 변화를 회피하는 심리적 방어기제에서 비롯된 것으로 해석한다.

이러한 접근법은 현대인들이 제도화된 종교의 틀을 벗어나 개인적이고 진정성 있는 영적 체험을 추구하는 흐름과 깊이 연결되어 있다. 톨스토이가 모색한 영성의 길은 교회의 권위주의적 교리도, 순수한 이성의 차가운 논리도 아닌, 살아있는 실천 속에서 피어나는 지혜를 중심에 놓았다. 그가 평생에 걸쳐 발전시킨 보편적 진리 추구의 자세는 특정 종교의 배타성을 넘어 인류 공통의 윤리적 토대를 찾으려는 시도였다.

이는 도스토옙스키가 『카라마조프가의 형제들』에서 제시한 "모든 이가 모든 이에게 책임이 있다"는 통찰과 깊이 공명한다. 두 작가 모두 인간 존재의 상호연결성과 보편적 책임의식을 강조했으며, 이는 종교적 경계를 초월한 인류애의 가능성을 열어주었다. 톨스토이의 이러한 비전은 오늘날 다양한 종교 전통 간의 대화와 상호 이해를 모색하는 현대 종교 철학의 중요한 원천이 되고 있다.

야스나야 폴랴나 학교에서 펼쳐진 톨스토이의 교육 실험은 차르 체제하 억압적 교육 질서에 대항하는 혁명적 시도였다. 그가 교육 관련 논문들을 통해 제시한 '자유로운 형성'의 원리는 루소의 자연주의 교육사상을 독창적으로 재해석하면서도, 아동 개개인의 내적 성장 속도와 자발적 탐구 욕구를 중시한다는 점에서 오늘날 구성주의 교육철학의 선구적 모습을 보여준다.

무엇보다 그가 강조한 '삶을 통한 학습' 개념은 현대의 경험중심 학습이론과 놀라운 공명을 이루며, 지식의 기계적 암기보다 실천적 지혜의 체득을 우선시하는 교육철학을 구현한다.

『예술이란 무엇인가』에서 전개된 톨스토이의 예술론은 19세기 말 유미주의와 형식주의 미학에 대한 급진적 도전이었다. 그가 주장한 예술의 '전염성' 개념은 작품의 기술적 완성도보다 그것이 전달하는 감정의 진정성과 보편성을 강조함으로써, 벤야민의 '아우라' 개념과 바흐친의 '대화주의' 사이에 위치하는 독특한 미학적 관점을 제시한다.

특히 예술의 사회적 책무성에 관한 그의 강조는 현대 예술의 상업화와 자기 목적화 경향에 대한 선제적 비판으로 읽힐 수 있으며, 예술의 공동체적 기능 회복을 모색하는 현대 문화비평의 중요한 기점으로 작용한다.

『첫 번째 단계』에서 전개된 톨스토이의 채식주의 옹호는 단순한 개인적 취향이나 건강상의 고려를 넘어, 근대적 인간중심주의에 대한 근본적 도전이었다. 그의 생명 존중 사상은 단순한 감상적 동물애가 아닌, 모든 생명체의 내재적 가치를 인정하는 생태윤리학적 관점에 기초한다.

이는 현대의 '심층생태학'과 '생명중심주의' 논의를 선행적으로 암시하며, 칸트의 인간 중심적 윤리학을 초월하는 확장된 도덕적 지평을 제시한다. 특히 그의 '생명의 연대성' 개념은 현대 생태철학의 핵심 원리인 '상호의존성'과 깊은 친화성을 보이며, 자연을 단지 인간의 자원으로 환원하는 도구적 이성의 한계를 초월하는 관계적 존재론의 가능성을 시사한다.

그러나 톨스토이 사상의 현대적 적용은 그 내재적 한계에 대한 비판적 인식을 전제로 해야 한다. 『크로이체르 소나타』에서 극명하게 드러난 그의 급진적 금욕주의와 성에 대한 부정적 관점은 현대 페미니즘 관점에서 재고가 필요한 측면이다.

또한 그의 도덕적 절대주의는 때로 정치적·사회적 현실의 복합성을 단순화하는 경향이 있으며, 특히 '악에 대한 무저항' 원칙은 제도적 폭력에 직면한 상황에서 현실적 적용의 한계를 드러낸다. 그럼에도 이러한 한계는 톨스토이 사상의 가치를 감소시키기보다, 그것을 더 풍부하고 복합적으로 이해하기 위한 필수적 전제가 된다.

톨스토이의 종교적 유산과 정교회의 갈등 관계는 단순한 교리적 이견 차원을 넘어, 종교적 진리의 본질과 그 현실적 구현 방식에 관한 근본적 논쟁을 내포한다. 1901년 톨스토이에 대한 정교회의 파문은 포베도노스체프가 주도한 제정 러시아의 정교-국가 공생 구조에 대한 작가의 비판이 가진 정치적 함의를 반영한다.

『참회록』에서 톨스토이는 당대 정교회의 의례와 교리가 복음서의 순수한 정신에서 멀어져 공허한 형이상학적 체계로 변질되었다고 통렬히 비판했다. 다만 그는 진정한 공동체적 영성의 구현을 제도화된 교회가 아닌 민중의 삶 속에서 발견하고자 했다. 이러한 맥락에서 톨스토이의 종교관은 정교 전통의 부정이라기보다 그 본질적 회복을 모색한 역설적 시도로 재해석될 여지가 있다.

톨스토이의 종교적 유산이 그의 후기 문학세계에 미친 영향은 단순한 주제적 변화를 넘어 서사 구조와 미학적 원리의 근본적 재편을 초래했다. 『부활』은 표면적으로는 네흘류도프의 도덕적 각성을 그린 작품이지만, 그 심층에는 톨스토이가 『예술이란 무엇인가』에서 발전시킨 새로운 미학적 패러다임이 구현되어 있다. 그에게 예술은 단순한 미적 체험의 대상이 아니라 인간들 사이의 형제애를 일깨우고 영혼의 공감을 전달하는 살아있는 매개체였다. 이러한 신념은 그의 후기 작품 전체를 관통하는 핵심 원리가 되었다.

『이반 일리치의 죽음』에서 선보인 주인공의 죽음을 통한 삶의 의미 발견이라는 역설적 구조는 초기 작품의 심리적 사실주의를 초월하여, 미하일롭스키가 명명한 "초월적 사실주의"의 경지에 도달한다. 특히 주목할 만한 것은 이전 작품들에서 두드러졌던 화자의 전지적 시점이 점차 약화되고, 『하지 무라트』와 같은 후기 단편에서는 도덕적 판단이 서사적 암시와 상징을 통해 간접적으로 전달되는 방식으로 변화했다는 점이다.

톨스토이의 영향을 받은 공동체 운동은 20세기 초 러시아를 넘어 전 세계적으로 확산되었으며, 이는 현대 대안 공동체와 생태마을 운동의 중요한 선례가 되었다. 간디가 남아프리카에서 설립한 '톨스토이 농장'은 그의 사티아그라하 운동의 실천적 거점이 되었고, 이러한 경험은 후에 인도에서 전개한 아쉬람 공동체의 토대가 되었다. 일본의 무샤노코지 사네아츠가 주도한 '아타라시키무라'(신촌) 운동 역시 톨스토이의 이상을 동아시아적 맥락에서 재해석한 의미 있는 시도였다.

이러한 역사적 실험들은 현대 사회에서 '탈성장 운동'과 '전환마을 이니셔티브'가 추구하는 공동체적 자율성과 생태적 지속가능성의 원리와 깊은 공명을 이룬다. 톨스토이가 제시한 토지 공유와 육체노동, 자급자족의 원칙들은 오늘날 도시 커먼즈 운동과 공유경제의 실천에서도 여전히 영감의 원천이 되고 있다. 특히 물질적 풍요가 가져온 정신적 빈곤을 극복하고 공동체적 연대를 회복하려는 현대적 노력들은 톨스토이가 한 세기 전에 제시한 비전과 놀라울 정도로 맞닿아 있다.

톨스토이의 종교적 사유와 현대 기술 문명의 관계는 단순한 반기술적 입장으로 환원될 수 없는 복합성을 지닌다.『안나 카레니나』에서 레빈이 농업 기계화에 대해 보인 효율성 인정과 동시에 노동의 소외 우려라는 양가적 태도는 기술 그 자체보다 그것이 사회관계에 미치는 영향에 주목한 비판적 관점을 반영한다.

이는 현대 기술 철학에서 하이데거의 '기술에 대한 물음'과 일루의 '기술 시스템' 비판 사이에 위치하는 선구적 관점으로 볼 수 있다. 즉, 톨스토이의 '초월'은 기술적 증강이 아닌 내적 각성과 상호연결성의 자각을 통해 추구되는 것이다. 이러한 관점은 현대 디지털 문화의 가상성과 파편화에 대한 대안적 비전을 제시한다.

톨스토이의 종교적 평화주의는 현대 갈등 해결 이론과 실천에 큰 영향을 미쳤다.『전쟁과 평화』의 마지막 부분에서 그가 제시한 역사의 비결정론적 이해는 전쟁을 불가피한 역사적 필연으로 보는 결정론적 관점에 대한 근본적 도전이었다.

특히『전쟁과 평화』에서 톨스토이가 제시한 쿠투조프의 비영웅적 지도력 모델은 현대 갈등 해결에서 강조되는 '촉진적 리더십'의 원형으로 볼 수 있다.

톨스토이의 종교적 사유와 글로벌 남반구 해방신학 운동 사이의 접점은 그동안 서구 학계에서 간과되어 온 측면이다. 두 사상 흐름은 "제도화된 종교의 권력 구조에 대한 비판"과 "일상적 삶의 실천 속에서 영성의 회복"을 강조한다는 공통점을 지닌다.

특히 톨스토이의 문명 비판이 러시아 농민의 삶의 방식에서 대안을 찾았듯이, 현대 탈식민주의 사상가들도 토착적 지혜와 공동체적 전통에서 신자유주의적 세계화에 대한 대안을 모색한다는 점에서 두 흐름 간의 구조적 유사성이 발견된다.

톨스토이의 영성 탐구가 갖는 현대적 의의는 특히 현대인의 '의미 위기'와 '영적 갈망'의 맥락에서 재조명될 수 있다. 프랑클의 '실존적 공허' 개념과 테일러의 '세속화 시대의 충만함' 논의는 톨스토이가 『참회록』에서 직면했던 실존적 위기와 놀라운 병행성을 보인다.

특히 톨스토이가 『이반 일리치의 죽음』에서 제시한 죽음의 자각을 통한 삶의 재발견이라는 역설은 야스퍼스의 '한계상황' 개념과 하이데거의 '죽음을 향한 존재' 논의를 선취한 측면이 있다.

톨스토이의 종교적 유산이 제기하는 근본적 물음은 물질적 진보와 기술적 혁신이 가속화될수록 더욱 절실한 울림을 획득한다. 과학적 합리성과 경제적 효율성이 인간 존재의 의미 추구를 대체할 수 없다는, 그리고 진정한 사회 변혁은 외부적 제도 개혁만으로는 불충분하다는 그의 통찰은 디지털 전환과 생태적 위기에 직면한 현대 문명에 심원한 성찰의 계기를 제공한다.

궁극적으로 그의 종교적 유산은 기술적 진보와 물질적 풍요가 해소하지 못하는 인간 실존의 근원적 물음, 즉 우리는 무엇을 위해 살아가는가, 어떻게 살아야 하는가에 대한 끊임없는 성찰의 여정으로서, 21세기의 복합적 위기 속에서도 여전히 살아 숨 쉬는 지혜의 원천이 된다.

톨스토이의 종교적 유산은 두 차례의 세계대전, 전체주의의 출현, 생태계 파괴, 실존적 소외라는 근대성의 파국적 결과를 목격한 20세기를 거쳐, 기술적 가속화와 생태적 붕괴의 위기에 직면한 21세기에 더욱 예언적 울림을 획득한다. 그가 『나의 신앙은 어디에 있는가』에서 제시한 사랑과 비폭력을 토대로 한 통합적 삶의 비전은 파편화되고 소외된 현대 문명에 대한 근본적 대안으로서,

그리고 글로벌 위기 시대의 생존 전략으로서 새롭게 조명될 필요가 있다. 톨스토이는 다가올 문명의 위기를 예견하고 그 너머의 삶을 준비한 선견지명의 사상가로서, 21세기 인류에게 여전히 시의성을 잃지 않는 윤리적 나침반을 제공한다.

제5장 후기 창작과 세계적 영향

1. 후기 작품 분석

1.1 『이반 일리치의 죽음』: 죽음과 삶의 의미

톨스토이의 영적 각성 이후 창작된 첫 번째 주요 문학작품인 『이반 일리치의 죽음』(1886)은 작가의 변화된 세계관과 새로운 예술적 지향을 선명하게 보여주는 중편소설이다. 이 작품은 한 평범한 관료의 질병과 죽음 과정을 통해 인간 실존의 본질적 의미와 진정한 삶의 가치에 대한 원초적 질문을 던진다.

소설은 이반 일리치의 사망 소식과 이에 대한 동료들의 냉담한 반응 묘사로 시작된다. 작가는 이러한 도입부를 통해 죽음에 대한 현대 사회의 위선적 태도를 적나라하게 폭로한다. 이어 소설은 이반의 평범한 생애, 즉 성공적인 법조인 경력, 사회적 기준에 부합하는 결혼 생활, 체면 중심의 일상을 서술한 후, 그가 불치병에 직면하여 겪는 육체적, 정신적 고통의 과정을 세밀하게 묘사한다.

이 작품은 단순한 죽음에 관한 이야기가 아니라, 죽음이라는 불가피한 실존적 사실을 통해 삶의 본질과 가치에 관한 근본적 질문을 제기하는 철학적 우화로 볼 수 있다. 죽음의 경험은 우리가 살아온 삶의 의미를 재평가하는 렌즈가 된다.

작품의 가장 인상적인 순간은 이반이 자신의 삶이 "가장 단순하고 평범한 것이었으며, 따라서 가장 끔찍한 것이었다"라는 깨달음에 도달하는 과정이다. 그는 고통 속에서 자신의 삶이 사회적 관습과 체면에 따라 살아온 '거짓된' 삶이었음을 인식한다.

그는 자신의 공적 생활, 가족생활, 사회적 관심사, 이 모든 것이 거짓일 수 있다고 생각했다. 그는 이 모든 것의 진실성을 느끼지 못했기 때문에, 이것들이 진정 거짓이라면 그것을 방어할 수 없었다. '하지만 만약 그렇다면,' 그는 스스로에게 말했다. '만약 내가 이제 죽으려 한다면, 내 인생은 무엇이었던 것인가?'

소설의 절정에서 이반은 그동안 진정한 의미에서 살지 않았음을 깨닫는다. 그는 자신의 삶이 사회적 성공과 물질적 안락함을 추구하는 데 집중되었지만, 진정한 사랑과 인간적 연결, 의미 있는 존재 방식을 놓쳤음을 인식한다. 이반 일리치의 죽음의 순간은 역설적으로 그의 진정한 깨달음과 영적 탄생의 순간이다. 톨스토이는 이 역설을 통해 죽음이 단순한 생물학적 종말이 아니라 존재의 근본적 변형이 될 수 있음을 암시한다.

이 작품의 또 다른 중요한 측면은 농민 출신 하인 게라심의 형상이다. 게라심은 이반의 고통을 진심으로 위로하고 돕는 유일한 인물로, 그의 단순하고 직접적인 태도는 이반 주변의 위선적인 사회적 관계와 극명한 대조를 이룬다. 게라심은 톨스토이가 이상화한 농민의 자연스러운 지혜와 인간적 진정성을 대표하는 인물이다.

톨스토이는 이 작품에서 자신의 변화된 문체와 서술 방식도 보여준다. 『전쟁과 평화』나 『안나 카레니나』의 방대한 서사와 다양한 등장인물들과 달리, 『이반 일리치의 죽음』은 압축적이고 집중된 서술로 한 인물의 내적 여정에 초점을 맞춘다. 후기 톨스토이의 문체는 더 단순하고 직접적으로 변화했지만, 그 심리적 통찰력과 도덕적 강도는 오히려 더 강화되었다.

『이반 일리치의 죽음』은 출판 이후 즉시 러시아 내외에서 큰 반향을 일으켰다. 블라디미르 나보코프는 이 작품을 "가장 위대한 죽음 이야기"라고 칭했으며, 현대 작가 줄리언 반스는 이를 "죽음에 관한 문학 중 최고의 작품"이라고 평가했다. 이 작품은 현대 실존주의 문학의 선구자적 작품으로, 카뮈나 사르트르와 같은 실존주의 작가들에게 큰 영향을 미쳤다.

이 중편소설은 특히 현대인의 소외와 실존적 불안을 선취적으로 다루었다는 점에서 오늘날까지 강력한 영향력을 유지하고 있다. 『이반 일리치의 죽음』은 현대 사회의 피상성과 인간관계의 공허함, 그리고 의미 상실의 위기를 예리하게 포착했다는 점에서 놀라울 정도로 현대적인 작품이다.

1.2 『크로이체르 소나타』: 성과 결혼에 대한 급진적 비판

1889년에 발표된 『크로이체르 소나타』는 톨스토이의 가장 도전적인 작품 중 하나로, 성, 결혼, 그리고 남녀 관계에 대한 뼈아픈 성찰을 담고 있다. 이 중편소설은 기차 여행 중 한 남자(포즈드니셰프)가 자신이 아내를 살해한 이야기를 들려주는 형식으로 구성되어 있다.

포즈드니셰프는 자신의 과거 방탕한 생활, 아내와의 갈등, 아내가 바이올리니스트와 베토벤의 '크로이체르 소나타'를 연주하며 발전시킨 관계에 대한 질투, 그리고 결국 아내를 살해하게 된 광기의 순간을 고백한다. 이 고백을 통해 톨스토이는 당시 사회의 성과 결혼에 관한 관습과 도덕에 대한 치열한 문제 제기를 전개한다.

작품에서 가장 당혹스러운 측면은 성에 대한 톨스토이의 극한적 견해다. 포즈드니셰프의 입을 통해 그는 성적 욕망 자체를 "인간을 타락시키는 악"으로 규정하며, 심지어 결혼 안에서의 성관계조차도 "합법화된 매춘"으로 규정한다. 포즈드니셰프는 결혼제도 자체를 허위적인 것으로 비난하며, 사랑으로 포장된 성적 욕망이 결국 미움과 분노로 변할 수밖에 없다고 주장한다.

『크로이체르 소나타』는 빅토리아 시대의 성적 허위와 가부장적 결혼제도에 대한 용감한 도전이었다. 이 작품은 출판 당시 검열 당국에 의해 금지되었으며, 톨스토이의 아내 소피아도 이 작품의 극한적 관점에 깊은 상처를 받았다고 전해진다.

특히 격렬한 반응을 불러일으킨 것은 작품의 결론 부분에서 포즈드니셰프가 제시하는 완전한 성적 금욕에 관한 주장이다. 이 극단적 주장은 작품 출판 후 톨스토이가 쓴 후기에서 더욱 강화된다. 그는 기독교적 관점에서 이상적인 상태는 완전한 순결이며, 결혼은 단지 이미 타락한 인간을 위한 차선책일 뿐이라고 주장한다.

『크로이체르 소나타』의 극한적 성적 금욕주의는 톨스토이 자신의 내적 갈등과 죄책감의 투영으로 볼 수 있다. 실제로 톨스토이는 젊은 시절 자신의 방탕한 생활과 농노 여성들과의 관계에 대해 깊은 후회와 자책감을 느꼈으며, 이는 그의 후기 금욕주의에 영향을 미쳤다. 그러나 현대의 우리가 이 작품에서 주목해야 할 것은 그의 극단적 해답이 아니라, 인간관계에서 발생하는 고통과 갈등에 대한 그의 예리한 관찰이다. 연애와 결혼에서 겪는 질투, 소유욕, 상처받은 자존심은 오늘날 젊은이들도 여전히 경험하는 보편적 감정들이다.

그러나 작품이 단순한 도덕적 설교나 금욕 선전물이 아니라는 점은 주목할 필요가 있다. 『크로이체르 소나타』는 심층적 심리적, 사회적 탐구로, 단순히 작가의 금욕주의 이념을 선전하는 것이 아니라 인간관계의 파괴적 측면과 사회적 허위를 폭로한다.

작품에서 또 다른 중요한 측면은 예술, 특히 음악의 감각적 힘에 대한 톨스토이의 양가적 태도다. 베토벤의 크로이체르 소나타는 작품에서 포즈드니셰프의 아내와 바이올리니스트 사이의 정서적, 성적 연결을 매개하는 역할을 한다. 포즈드니셰프는 음악의 강력한 감정적 영향력을 위험한 것으로 간주한다. 이러한 음악에 대한 경계심은 톨스토이의 후기 예술관과 연결되며, 그가 『예술이란 무엇인가』에서 발전시킨 도덕적, 교육적 예술 개념의 예고편이 된다.

『크로이체르 소나타』는 당대에 큰 격론을 불러일으켰으며, 톨스토이의 명성으로 인해 세계적으로 널리 읽혔다. 많은 비평가는 이 작품의 혁신적 주장에 비판적이었지만, 동시에 그 문학적 힘과 심리적 통찰력은 인정했다. 『크로이체르 소나타』는 그 도덕적 메시지의 극단성에도 불구하고, 인간 심리의 어둠과 결혼 관계의 파괴적 측면을 탐구한 뛰어난 심리소설이다.

현대의 페미니스트 비평가들은 이 작품에 대해 다층적 평가를 내린다. 한편으로는 톨스토이의 성과 결혼에 대한 관점이 여성을 성적 대상으로 환원하는 가부장적 시각에서 완진히 자유롭지 못하다는 비판이 있다. 다른 한편으로는 그가 당시의 결혼제도와 성적 이중 기준을 강력하게 비판했다는 점에서 진보적 측면도 인정받는다. 『크로이체르 소나타』는 톨스토이의 모순적 여성관을 보여주며, 이는 그가 자기 시대의 한계를 부분적으로 초월했으나 완전히 극복하지는 못했음을 보여준다. 그럼에도 이 작품은 사랑과 결혼의 이상과 현실 사이의 간극에서 고민하는 모든 이들에게 깊은 성찰의 기회를 제공한다. 톨스토이의 극단적 해답에 동의하지 않더라도, 인간관계의 진실성과 상호 존중에 대한 그의 절실한 갈망은 오늘날 우리에게도 여전히 소중한 메시지로 다가온다.

1.3 『부활』: 사회 비판과 도덕적 재생

톨스토이의 마지막 대작 『부활』(1899)은 그의 종교적, 사회적 사상이 가장 완숙하게 표현된 작품으로, 그의 후기 문학과 사상의 집약체라 할 수 있다. 『부활』은 귀족 네흘류도프가 자신이 과거에 유혹하고 버린 하녀 카츄샤 마슬로바가 살인 혐의로 재판받는 것을 목격하면서 시작된다. 이 우연한 재회는 네흘류도프에게 깊은 죄책감을 불러일으키고, 그는 카츄샤를 구하고 자신이 과거에 저지른 죄에 대해 속죄하기 위한 여정을 시작한다.

『부활』은 '부활'이라는 제목이 암시하듯, 도덕적 타락에서 영적 재생으로 이어지는 인간의 변화 가능성을 탐구한다. 이 소설은 개인의 도덕적 변화가 어떻게 사회 전체의 변화로 확장될 수 있는지, 그리고 진정한 회개와 속죄가 어떻게 영적 재생으로 이어지는지를 보여주는 작품이다. 현대를 살아가는 우리, 특히 실수와 좌절 속에서 자신을 책망하는 젊은이들에게 이 작품은 변화와 회복의 가능성에 대한 깊은 위안을 제공한다.

소설은 네흘류도프의 내적 변화 과정을 상세히 그린다. 그는 처음에는 카츄샤에게 돈으로 보상하려 하지만, 점차 자신의 사회적 특권과 토지 소유의 부당함을 인식하게 된다. 그는 결국 자신의 토지를 농민들에게 분배하고, 카츄샤가 시베리아로 유배될 때 그녀를 따라가기로 결심한다.

작품의 중심 주제 중 하나는 사회 제도, 특히 사법 제도와 교회에 대한 날카로운 비판이다. 톨스토이는 재판, 감옥, 그리고 유형 제도를 통해 러시아 사법 체계의 부패와 비인간성을 적나라하게 묘사한다. 『부활』은 단순한 소설이 아니라 러시아 제국의 사법 제도에 대한 철저한 고발장이다. 특히 인상적인 것은 톨스토이가 법원과 감옥 시스템을 묘사하는 방식이다. 그는 법률이 어떻게 정의를 실현하기보다는 기존의 불평등한 사회 질서를 유지하는 데 이바지하는지를 보여준다.

교회에 대한 비판도 작품의 중요한 부분을 차지한다. 톨스토이는 감옥에서의 성찬식 장면을 통해 교회의 의식이 어떻게 예수의 진정한 가르침에서 벗어나 공허한 형식주의로 변질되었는지를 보여준다. 『부활』에서 톨스토이의 교회 비판은 그의 종교적 사상의 발전을 반영하며, 이 작품의 출판이 그가 정교회에서 파문되는 직접적인 계기가 되었다.

『부활』의 또 다른 중요한 측면은 다양한 사회 계층과 그들의 삶의 조건에 대한 포괄적 묘사다. 톨스토이는 귀족, 관료, 농민,

죄수, 혁명가 등 러시아 사회의 모든 계층을 총망라하여 그리며, 사회적 불평등의 구조적 원인을 탐구한다. 『부활』은 19세기 말 러시아 사회의 파노라마적 초상으로, 톨스토이의 사회 비판이 가장 체계적으로 표현된 작품이다.

특히 주목할 만한 것은 톨스토이가 혁명가들을 묘사하는 방식이다. 그는 그들의 용기와 자기희생을 인정하면서도, 그들의 폭력적 방법과 엘리트주의적 태도를 비판한다. 톨스토이는 혁명가들의 이상주의적 목표에 공감하면서도, 그들의 폭력적 수단과 인민에 대한 진정한 이해 부족을 비판함으로써, 그의 비폭력 원칙과 민중 중심 사상을 일관되게 유지한다.

『부활』의 결말은 톨스토이의 종교적 비전을 상징적으로 표현한다. 네흘류도프는 카츄샤와의 결혼 계획이 무산된 후에도 자신의 도덕적 여정을 계속하기로 결심하며, 복음서에서 영적 지침을 발견한다. 『부활』의 결말은 외적 환경과 관계없이 가능한 내적 변화와 영적 각성의 가능성을 보여준다. 이는 톨스토이가 사회 개혁과 개인의 도덕적 변화를 분리할 수 없는 것으로 보았음을 의미한다. 현대 사회에서 좌절과 절망에 빠진 젊은이들에게 이 메시지는 특별한 의미를 갖는다. 아무리 어려운 상황에서도 내면의 변화를 통해 새로운 삶을 시작할 수 있다는 희망을 제시하기 때문이다.

『부활』은 톨스토이의 마지막 대작으로, 그의 모든 종교적, 사회적, 도덕적 관심사가 문학적 형태로 종합된 작품이다. 이 소설은 톨스토이의 문학적 재능과 도덕적 열정이 완벽하게 균형을 이룬 작품으로, 그의 예술적 여정의 중요한 정점을 이룬다. 이 작품은 출판 직후 전 세계적으로 번역되어 큰 반향을 불러일으켰으며, 오늘날까지도 톨스토이의 가장 강력한 사회 비판 소설로 평가받고 있다. 무엇보다도 이 작품이 전하는 구원과 재생의 메시지는 시대를 초월하여 모든 이들의 마음에 깊은 감동과 희망을 선사한다.

1.4 민중을 위한 단편과 우화

톨스토이가 생애 만년에 혼신을 다해 빚어낸 창작의 결실 중에서도 특별히 빛을 발하는 영역이 바로 민중을 위한 짧은 서사와 우화 작품들이다. 1880년대에 접어들어 그는 복잡한 문학적 기교를 내려놓고, 누구나 쉽게 받아들일 수 있는 평범한 언어로 자신의 도덕적 깨달음과 종교적 성찰을 담은 작은 이야기들을 수없이 창조해냈다. 이러한 글들은 주로 농촌의 농부들과 도시의 서민들을 독자로 염두에 두고 집필되었으며, '포스레드니크' 출판사를 통해 누구든 부담 없이 구할 수 있는 가격으로 세상에 선보였다.

톨스토이가 펼쳐낸 이 서민 문학은 그가 품어온 윤리적 가르침과 영성의 메시지를 더 많은 이들에게 전하려는 간절한 열망의 산물이었고, 동시에 지식층의 문화와 일반 대중의 삶 사이에 놓인 깊은 골을 메우려는 진실한 노력이기도 했다. 이 작품들은 소박한 어법과 분명한 윤리적 방향성을 특징으로 하면서도, 그 내부에는 인간 본성과 삶의 깊은 의미를 꿰뚫어보는 철학적 사유와 영혼의 통찰이 고스란히 녹아들어 있다.

이 무렵 탄생한 대표작들로는 『세 노인』(1885), 『사람은 무엇으로 사는가』(1885), 『어디에 사랑이 있는 곳에 신이 있다』(1885), 『세 개의 질문』(1903) 등을 꼽을 수 있다. 이 이야기들은 대개 러시아 땅에 오래도록 전해 내려온 민담이나 종교적 우화에서 영감을 얻었으며, 톨스토이가 평생 추구해온 핵심 가치들인 사랑, 소박함, 형제애, 평화주의를 다양한 서사의 틀 속에서 깊이 탐구하고 있다.

『사람은 무엇으로 사는가』는 이 시기 톨스토이가 완성해낸 단편들의 정수를 보여주는 걸작이다. 가난한 구두 수선공 시몬이 눈보라 속에서 헐벗은 채 쓰러져 있던 한 낯선 이(사실은 인간들 사이의 사랑을 체득하기 위해 지상에 내려온 천사 미하일)를 구해주는 이야기가 그 중심축이다. 미하일은 시몬의 따뜻한 보금자리에서 함께 지내며 세 가지 소중한 진리를 깨우치게 된다. "인간의 가슴속에는 사랑이 깃들어 있다", "인간은 자신에게 진정 필요한 것이 무엇인지 모른다", "사람은 오늘만을 위해 살지 않고 신을 위해 산다."

『사람은 무엇으로 사는가』는 소박한 우화의 외형 속에 톨스토이가 품었던 종교적 세계관의 정수를 담아낸 작품이다. 특히 사랑을 인간 존재의 근본 원리로 바라보는 그의 관점이 선명하게 드러나 있다.

『어디에 사랑이 있는 곳에 신이 있다』는 구두장이 마르틴이 꿈속에서 그리스도께서 그날 자신을 찾아올 것이라는 약속을 받은 뒤, 하루 종일 그분을 기다리는 이야기다. 마르틴은 그날 여러 사람, 즉 길거리의 늙은이, 가난한 젊은 어머니와 갓난아이, 사과를 훔친 소년과 분노한 노파를 도와주지만, 그리스도는 모습을 드러내지 않는다. 그날 밤, 마르틴은 자신이 도왔던 사람들 각각의 얼굴이 그리스도의 얼굴로 변하는 환상을 목격하게 된다. 그는 성경 말씀을 떠올린다.

『어디에 사랑이 있는 곳에 신이 있다』는 종교적 가르침을 추상적 교리가 아닌 구체적인 일상의 실천으로 체현하는 것의 중요성을 강조한다. 이는 톨스토이의 실천적 기독교 이해의 핵심을 이룬다.

『세 노인』은 대주교가 배를 타고 순례 여행을 하던 중 세 명의 거룩한 노인을 만나는 이야기다. 이 노인들은 정규 교육을 받지 못했고 공식적인 기도문도 알지 못하지만, 순수한 믿음과 사랑으로 기적을 일으킬 수 있다. 그들의 유일한 기도는 "셋이 있으니, 당신도 셋이시니, 우리를 불쌍히 여기소서"라는 단순한 문구다. 대주교는 그들에게 정식 기도문을 가르치지만, 곧 그들이 물 위를 걸어 자신의 배를 뒤쫓아오는 모습을 보게 된다. 그들은 대주교가 전해준 기도문을 잊어버렸다고 털어놓는다. 이에 대주교는 그들의 소박한 기도가 이미 하늘에 받아들여졌음을 깨닫고 그들에게 축복을 내린다. 『세 노인』은 제도화된 종교의 형식적 의례와 교리보다 순수한 믿음과 사랑이 더욱 본질적이라는 톨스토이의 종교관을 상징적으로 형상화한다.

이러한 민중을 위한 이야기들은 톨스토이가 『안나 카레니나』와 같은 복잡한 심리소설에서 보여준 문학적 기교와는 전혀 다른 면모를 드러낸다. 톨스토이의 민중 문학은 의도적으로 단순화된 형식과 명료한 메시지를 지향하지만, 그 안에는 그의 깊은 인간 이해와 영적 통찰이 여전히 생생하게 맥동하고 있다.

이러한 민중 문학 창작은 톨스토이의 예술관 변화와 깊은 연관을 맺고 있다. 그는 점차 예술의 목적이 미적 쾌감이 아니라 도덕적 교화와 영적 각성에 있다고 보게 되었으며, 이는 그의 저서 『예술이란 무엇인가』(1897)에서 체계적으로 전개된다. 톨스토이의 민중 문학은 그의 변화된 예술관의 실천적 구현으로, 예술이 소수의 특권층이 아닌 모든 사람에게 다가갈 수 있고 이해될 수 있어야 한다는 그의 신념을 생생하게 보여준다.

2. 예술관 변화

2.1 『예술이란 무엇인가』의 주요 논점

톨스토이의 미학적 사고는 그의 종교적 각성과 더불어 근본적인 변모를 겪었으며, 이러한 변화는 1897년 세상에 선보인 『예술이란 무엇인가』에서 가장 체계적으로 드러났다. 이 저작은 기존의 미학 이론에 대한 근본적인 도전이자, 예술의 사회적, 도덕적 역할에 대한 급진적인 재해석이었다.

『예술이란 무엇인가』는 톨스토이의 후기 철학이 미학 영역에

투사된 결과물로, 그의 도덕적, 종교적 신념이 미적 판단의 척도가 되고 있다. 이 저작에서 톨스토이는 당시 주류를 이루었던 '예술을 위한 예술' 이론을 맹렬히 비판하고, 예술의 본질과 사명에 대한 자신만의 대안적 시각을 펼쳐 보인다.

톨스토이는 우선 기존의 미학 이론, 특히 보마르셰, 칸트, 헤겔, 쇼펜하우어 등의 이론을 검토하고 비판한다. 그는 이들이 모두 예술을 미의 표현이나 쾌의 생산으로 정의함으로써, 예술의 진정한 본질과 사회적 기능을 간과했다고 주장한다.

우리 시대의 미학 이론들은 모두 오류에 빠져 있다. 그것들은 모두 예술의 목적이 아름다움을 창조하는 것이라고 가정한다. 그러나 아름다움이란 무엇인가? 아름다움은 우리가 즐거움을 느끼는 것일 뿐이다. 그렇다면 예술은 단지 즐거움을 생산하는 활동에 불과한가? 만약 그렇다면, 예술은 자만심, 호기심, 음탕함, 또는 어떤 다른 쾌락의 만족과 다를 바가 없다.

톨스토이는 이어서 예술의 본질에 대한 자신의 정의를 제시한다. 그에 따르면, 예술은 본질적으로 '감정의 전염'이다. 예술은 인간 활동으로서, 한 사람이 의식적으로 특정한 외적 기호를 통해 자신이 경험한 감정을 다른 사람들에게 전달하고, 다른 사람들이 그 감정에 감염되어 그것을 경험하게 하는 것이다. 이러한 정의에 따르면, 예술의 가치는 전달되는 감정의 종류와 그 감염력에 달려 있다. 톨스토이의 예술관에서는 기술적 완성도나 형식적 아름다움보다 전달되는 감정의 도덕적 가치와 보편적 호소력이 중요하다.

톨스토이는 이러한 관점에서 예술을 '좋은 예술'과 '나쁜 예술'로 구분한다. '좋은 예술'은 보편적인 인간 경험과 도덕적 가치를 표현하며, 모든 사람이 이해하고 공감할 수 있는 것이다. 반면 '나쁜 예술'은 소수의 특권층만이 이해할 수 있는 배타적인 것이거나, 저급한 감정(성적 욕망, 허영심, 우울함 등)을 자극하는 것이다.

종교적 의식에서 비롯된 감정과 보편적 형제애의 감정을 표현하는 예술만이 우리 시대의 좋은 예술로 인정될 수 있다. 나머지 모든 예술은 그것이 아무리 훌륭하다고 평가받더라도, 소수를 위한 예술이거나 나쁜 예술이다.

톨스토이의 예술관은 철저히 민중 중심적이며, 예술이 모든 사람에게 접근할 수 있고 이해할 수 있어야 한다는 민주적 원칙을 강조한다. 『예술이란 무엇인가』에서 톨스토이는 당대의 많은 유명 예술가들, 즉 바그너, 베토벤(후기 작품), 보들레르, 말라르메, 입센, 심지어 자신의 초기 작품까지를 '나쁜 예술'의 예로 비판한다. 그는 이들의 작품이 소수의 특권층만이 이해할 수 있는 인위적이고 복잡한 것이라고 주장한다.

베토벤의 후기 소나타와 교향곡, 바그너의 오페라, 보들레르와 베를렌의 시, 말라르메, 메테를링크, 입센의 작품들은 대다수의 사람에게 이해 불가능하다. 이것은 이 작품들이 너무 깊거나 진보적이어서가 아니라, 매우 나쁘게 만들어졌기 때문이다. 그것들은 진정한 예술이 아니다.

톨스토이의 이러한 급진적 비판은 예술의 사회적 책임과 도덕적 기능을 강조하려는 그의 의도에서 비롯되었지만, 동시에 많은 예술적 가치를 간과하는 결과를 낳았다.

톨스토이가 높이 평가한 '좋은 예술'의 예로는 성경 이야기, 민간 설화, 호메로스와 같은 고전 서사시, 빅토르 위고의 『레 미제라블』, 찰스 디킨스의 작품, 도스토옙스키의 『죄와 벌』, 그리고 민요와 민속 예술 등이 있다. 그는 이들 작품이 단순하면서도 강력한 방식으로 보편적 인간 경험과 도덕적 가치를 표현한다고 보았다.

톨스토이의 예술관은 현대 예술의 실험적, 형식주의적 경향에 대한 강력한 비판을 담고 있으며, 이는 그의 종교적, 도덕적 원칙에서 비롯된 것이다. 이러한 관점은 현대 미학의 주류와 충돌했으며, 많은 비판을 받았다.

그러나 동시에 톨스토이의 예술론은 예술의 사회적 책임과 대중적 접근성에 대한 중요한 문제를 제기했다. 톨스토이의 예술관은 비록 급진적이고 때로는 일방적이지만, 예술이 소수 엘리트의 전유물이 아니라 모든 사람의 삶을 풍요롭게 하는 사회적 활동이어야 한다는 중요한 통찰을 담고 있다.

『예술이란 무엇인가』는 출판 당시 많은 논쟁을 불러일으켰으며, 오늘날까지도 예술의 사회적 기능과 도덕적 책임에 관한 중요한 기준으로 남아 있다. 톨스토이의 예술론은 현대 예술 이론에서도 여전히 중요한 대안적 관점을 제공하며, 특히 공동체 예술, 사회 참여 예술, 그리고 예술의 치유적 기능에 관한 현대적 논의와 많은 접점을 가진다.

2.2 실용적이고 교훈적인 예술 추구

톨스토이가 체득한 새로운 문예적 안목은 추상적인 논리 전개에 그치지 않고, 그의 만년 창작 행위 전체를 관통하며 생생하게 구현되었다. 그는 예술의 핵심 목표가 미적 만족이 아니라 인격적 성장과 혼의 일깨움에 있다고 깨달았으며, 이러한 확신을 바탕으로 자신의 문학과 수필을 완성해갔다.

톨스토이의 만년 문예들은 그의 실천적이고 교화적인 문예 사상의 구체적 형상화로, 기술적 실험보다는 인격적 메시지의 선명한 전달에 집중하고 있다. 이는 특히 그가 보통 사람들을 위해 창작한 소설과 교훈담에서 뚜렷하게 나타난다.

톨스토이는 문예가의 첫 번째 천명이 진실을 고백하는 것이라고 깨달았다. 그에게 진실은 단순한 객관적 정확성을 넘어선, 인격적 진실, 즉 인간 생의 근본적 가치와 의미에 관한 것이었다. 이러한 관점에서 톨스토이는 자신의 만년 작품에서 인격적 메시지를 담백하고 분명하게 전달하고자 했다. 톨스토이의 만년 작품은 종종 '선전적'이라고 비판받지만, 이는 그가 의식적으로 예술을 인격적 가르침의 수단으로 활용했기 때문이다.

특히 주목할 만한 것은 톨스토이가 '민중의 언어'를 구사하려고 애썼다는 점이다. 그는 복잡한 문학적 기교나 지적 레퍼런스보다는 평이하고 직접적인 표현을 추구했으며, 이는 그의 예술이 모든 사람, 특히 교육받지 못한 대중에게도 다가갈 수 있어야 한다는 신념에서 비롯되었다. 톨스토이의 '민중의 언어' 사용은 단순한 스타일의 문제가 아니라, 예술의 민주화와 대중화를 위한 의식적인 전략이다.

톨스토이의 실천적이고 교화적인 문예관은 그가 출판사 '포스레드니크'를 창립한 것에서도 잘 나타난다. 이 출판사는 교육적이고 윤리적인 문학을 저렴한 가격에 대중에게 보급하는 것을 목표로 했다. 톨스토이는 이 출판사를 통해 자신의 민중을 위한 이야기뿐만 아니라, 그가 가치 있다고 여기는 세계문학의 고전들을 러시아어로 번역하여 출간했다. 톨스토이의 출간 활동은 그의 문예관의 실천적 측면을 보여주는 중요한 사례로, 문화적 민주화와 대중 교육에 대한 그의 헌신을 드러낸다.

이러한 실천적, 교화적 문예관에 따라, 톨스토이는 자신의 만년 작품에서 윤리적 선택과 영혼적 각성의 주제를 끊임없이 탐구했다. 그의 주인공들(이반 일리치, 네흘류도프 등)은 종종 윤리적 위기를 경험하고, 자기 삶의 공허함을 깨닫고, 더 높은 영혼적 진실을 향해 나아가는 여정을 거친다. 톨스토이의 만년 작품 속 인물들은 일종의 '정신적 자서전'의 주제로, 그들의 윤리적 여정은 톨스토이 자신의 내면적 탐구를 반영한다.

또한 톨스토이는 예술이 단순히 현실을 모방하는 것이 아니라, 더 나은 현실을 건설하는 데 기여해야 한다고 믿었다. 이러한 철학은 본질적으로 유토피아적이며, 예술을 통한 사회 변혁의 가능성을 믿는 이상주의적 비전에 기초하고 있다. 톨스토이의 이러한 관점은 현대 미학의 주류와 충돌했으며, 많은 동시대 예술가와 비평가들의 비판을 받았다. 특히 러시아 상징주의자들은 톨스토이의 실천적, 교화적 문예관을 예술의 자율성과 미적 가치를 무시하는 것으로 보았다. 톨스토이와 상징주의자들 사이의 갈등은 예술의 본질과 목적에 대한 근본적인 관점 차이를 드러낸다.

그러나 20세기 초 러시아 아방가르드와 사회주의 사실주의 운동은 부분적으로 톨스토이의 문예관에서 영향을 받았다. 특히 예술의 사회적 책임과 대중적 접근성에 대한 그의 강조는 이후 러시아의 문화 정책에 큰 영향을 미쳤다. 톨스토이의 문예관은 20세기 러시아 예술의 사회 참여적 성격 형성에 중요한 역할을 했다.

톨스토이의 실천적이고 교화적인 문예관은 그의 개인적 신념과 시대적 맥락에서 파악되어야 한다. 이러한 철학은 19세기 말 러시아 사회의 윤리적 위기와 사회적 불평등에 대한 그의 비판적 인식에서 비롯되었으며, 예술을 통한 사회 개혁의 가능성을 모색한 것이다. 이러한 맥락에서 볼 때, 그의 문예 철학은 단순한 도덕주의적 환원이 아니라, 예술의 사회적, 윤리적 차원에 대한 심오한 통찰을 담고 있다.

2.3 대중 예술과 엘리트 예술에 대한 비판

톨스토이 후기 미학 사상에서 주목할 만한 핵심은 당대 창작 영역의 극단적 분화 현상에 대한 우려였다. 시장 논리에 굴복한 통속적 창작물과 소수 지식인층만을 겨냥한 실험적 작품 양쪽 모두를 향해 날카로운 의구심을 드러낸 그는 『예술이란 무엇인가』를 통해 참된 창조는 이런 양극단 사이의 균형점에서 발견되어야 한다고 역설했다.

자본주의 소비 풍조가 낳은 오락성 위주의 창작물과 배타적 엘리트 집단의 난해한 실험작 모두가 진정한 창조의 사회적, 윤리적 사명을 훼손한다고 바라본 것이다.

대중을 겨냥한 통속 작품들에 대해서는 단순한 쾌락과 일시적 위안만을 제공할 뿐, 인간의 고차원적 도덕의식이나 영적 성장에는 아무런 기여하지 못한다고 지적했다. 이러한 통속 문화에 대한 회의는 단순한 귀족적 편견이 아니라, 창조 행위가 오락의 차원을 넘어서 인간의 윤리적, 정신적 발전에 이바지해야 한다는 확고한 신념에서 비롯되었다.

반면 엘리트층을 겨냥한 고급문화에 대한 성찰은 더욱 신랄했다. 모더니즘, 상징주의, 미학주의 등의 문예 사조가 소수의 교양층만이 해독 가능한 폐쇄적 창작을 추구함으로써 문화의 사회적 기능을 파괴하고 있다고 판단했기 때문이다. 이런 경향이 배타적 취향과 지적 허영심을 채우는 도구에 불과하다고 여겼다.

이런 엘리트 문화에 대한 의문은 19세기 말과 20세기 초 창작계의 급진적 실험과 추상화 경향에 대한 도전으로, 문화의 사회적 책무와 대중적 소통 가능성을 중시하는 관점에서 제기되었다. 특히 리하르트 바그너의 음악을 현대 엘리트 문화의 전형으로 간주하며 신랄하게 성토했다. 바그너의 음악이 인위적이고 과장되며, 순수한 감정 대신 허위적 정서를 자극한다고 주장했다.

창작물이 복잡하고 난해할수록 더욱 심오하다는 당시의 통념에도 정면으로 맞섰다. 진정한 예술적 깊이가 형식적 복잡성이 아니라 전달되는 감정과 사상의 중요성에 있다고 확신했기 때문이다. 단순함에 대한 이런 강조는 현대 창작계의 엘리트주의와 형식주의에 대한 근본적 도전으로, 문화의 사회적, 윤리적 차원을 되살리려는 시도였다.

통속 문화와 엘리트 문화 양쪽에 대한 회의적 태도 속에서 진정한 창조의 모범으로 민속 창작과 종교 문화를 제시했다. 이들이 공통적으로 보편적 인간 경험과 가치를 표현하며, 사회적 장벽을 뛰어넘어 모든 사람에게 호소력을 지닌다고 여겼다. 민속 창작과 종교 문화에 대한 높은 평가는 민중 중심적, 도덕 중심적 미학관을 반영하며, 문화의 사회 통합적 기능을 중시하는 것이었다.

이런 견해는 당시 많은 창작인과 평론가들의 강한 반발을 불러일으켰다. 특히 러시아 상징주의자들과 유럽의 모더니스트들은 시대착오적이고 단순화된 관점이라고 반박했다. 당대 아방가르드 예술가들과의 갈등은 창조의 자율성과 사회적 책무 사이의 긴장을 보여주는 중요한 사례이다.

그러나 동시에 이런 성찰은 현대 창작계의 핵심적 문제점인 대중화와 상업화의 위험, 그리고 엘리트주의와 소외의 위험을 예리하게 포착했다. 지나치게 교훈주의적이고 단순화된 측면이 있지만, 문화의 사회적 역할과 책무에 대한 중요한 질문을 제기했다. 이런 문제의식들은 오늘날의 문화 남론에서도 여전히 중요한 의미를 지니고 있다.

3. 세계문학에 미친 영향

3.1 러시아문학 내에서의 위치

러시아문학이 그려낸 광대한 지평에서 톨스토이는 유일무이한 봉우리로 솟아있다. 푸시킨이 처음 열어젖힌 서사의 문이 19세기 황혼에 이르러 가장 웅장한 전당이 된 것은 바로 그의 손길을 통해서였다. 고골이 씨앗을 뿌리고 투르게네프가 물을 준 사실주의라는 나무는 톨스토이에 이르러 비로소 하늘을 찌를 듯한 거목이 되었으며, 그 그늘 아래서 인간 정신의 무한한 가능성이 펼쳐졌다.

같은 시대를 숨 쉬었던 도스토옙스키와 견주어 볼 때 그의 독특함은 한층 뚜렷해진다. 두 문호는 서로를 비추는 쌍둥이 별처럼 각자만의 빛을 발했다. 도스토옙스키가 영혼의 심연으로 내려가 어둠과 광기를 탐색했다면, 톨스토이는 햇빛 아래 펼쳐진 대지를 거닐며 진실을 수확했다. 전자의 눈길이 항상 저 너머 초월적 세계를 갈구했다면, 후자는 발밑의 흙 한 줌, 이슬 맺힌 잎사귀 하나에서 무한을 발견했다.

철학자 니콜라이 베르댜예프는 『도스토옙스키의 세계관』에서 이 두 거인의 차이를 깊이 통찰했다. 그의 분석에 따르면 톨스토이는 현실 세계에 깊이 뿌리내린 작가로서, 이 세계가 품고 있는 무한한 복잡성과 구체적 삶의 결을 놀라운 직관력으로 포착해냈다. 반면 도스토옙스키의 시선은 늘 이 세계 너머를 향했으며, 다른 차원의 현실을 응시하는 영적 탐구자였다는 것이다.

'영혼의 변증법'이라 불리는 톨스토이만의 독창적 기법은 러시아 문학계에 귀중한 유산이 되었다. 마음의 섬세한 떨림과 내적 투쟁을 묘사하는 이 방식은 후배 작가들에게 표현의 새 지평을 열어주었다. 체호프는 이러한 심리 묘사의 정수를 흡수하여 더욱 응축되고 암시적인 언어로 재창조했다.

상징주의 시인 알렉산드르 블록은 톨스토이가 세상을 떠난 직후, 거장이 러시아문학에 미친 영향력을 하나의 세계에 비유했다. 그에게 톨스토이는 단순한 작가가 아니라 그 자체로 완전한 우주였으며, 후대 작가들이 결코 벗어날 수 없는 거대한 자장을 형성한 존재였다. 블록이 느낀 이러한 압도적 영향력은 당대 문인들이 공유한 감정이기도 했다. 톨스토이의 죽음은 러시아 지성계에 거대한 공백을 남겼고, 상징주의자들조차도 그들이 추구한 예술적 혁신이 톨스토이라는 거대한 산맥의 그림자 안에서 이루어지고 있음을 인정해야 했다. 이처럼 톨스토이는 생전에도 사후에도 러시아문학의 흔들리지 않는 중심축으로 존재했으며, 그를 계승하든 반발하든 모든 후배 작가들은 그가 세운 거대한 문학적 유산과 대화하지 않을 수 없었다.

체호프 역시 선배 작가의 예술적 성실성과 윤리적 열정에 깊은 존경을 표했다. 그의 단편들은 톨스토이적 통찰을 물려받으면서도 더욱 절제되고 함축적인 언어로 빚어졌다. 체호프는 톨스토이가 자신에게 예술적 진실의 의미와 인간을 묘사하는 방법을 가르쳐준 스승이었음을 인정했다. 다만 그는 톨스토이를 위대한 예술가로 존경하면서도, 그의 도덕철학적 가르침과는 일정한 거리를 유지했다. 이러한 비판적 수용의 자세는 체호프가 독자적인 문학 세계를 구축하는 데 중요한 토대가 되었다.

20세기 벽두, 러시아 문단에는 톨스토이를 향한 계승과 반발이 동시에 꽃피었다. 고리키나 숄로호프 같은 이들은 그의 사회적 사실주의라는 큰 줄기를 이어받았다. 반대편에서는 안드레이 벨리, 블라디미르 나보코프 등이 톨스토이식 도덕주의에 등을 돌리고 형식적 혁신을 추구했다. 20세기 러시아문학은 이처럼 수용과 거부라는 변증법적 긴장 속에서 성장했다.

소비에트 체제 아래서 톨스토이는 '위대한 러시아 리얼리스트'라는 공식 칭호를 얻었다. 귀족 사회를 향한 그의 날카로운 비판은 당시 이념과 맞아떨어졌다. 하지만 종교적이고 윤리적인 사유의 급진성은 의도적으로 외면받거나 축소되었다. 레닌은 유명한 논문에서 그를 "러시아 혁명의 거울"이라 칭했지만, 동시에 비폭력 사상과 "도덕적 자기완성" 철학을 "반동적"이라 단죄했다.

소비에트 정권의 톨스토이 수용은 철저히 선별적이었다. 사회 고발은 환영받았으나, 종교적 탐구와 국가 권력에 대한 근원적 부정은 침묵 속에 묻혔다. 체제 붕괴 이후 러시아는 그의 종교적, 철학적 저술들을 다시 발굴했고, 사상의 혁명적 측면을 재조명하기 시작했다. 특히 비폭력 신념, 소박한 삶을 향한 갈망, 제도적 권위에 대한 도전은 포스트 소비에트 시대의 대안적 목소리로 부상했다. 오늘날 러시아에서 그는 단순한 고전이 아닌, 정의와 영혼의 쇄신을 외치는 예언자로 되살아나고 있다.

현대 작가 가운데 알렉산드르 솔제니친은 톨스토이의 도덕적 권위와 사회 고발의 맥을 이은 인물로 꼽힌다. 『이반 데니소비치의 하루』와 『수용소 군도』는 『부활』에 나타난 감옥 체계 고발의 후예라 할 수 있다. 두 작가는 문학을 통한 윤리적 증언과 사회적 각성이라는 러시아문학의 숭고한 사명을 공유한다.

오늘날에도 톨스토이는 러시아문학의 중심축으로 굳건히 서 있다. 그는 박물관에 갇힌 유물이 아니라, 새로운 세대의 창작자와 독자들에게 끊임없이 영감을 불어넣는 살아있는 샘이다. 그의 진정한 위대함은 시공간의 장벽을 뛰어넘어 인간 실존의 핵심을 꿰뚫는 통찰에 있다.

3.2 서구 문학에 미친 영향

톨스토이의 작품과 사상은 서구 문학계에도 깊은 울림을 남겼다. 19세기 말부터 그의 소설들은 여러 언어의 옷을 입고 유럽과 미국 독자들의 서재를 찾아갔으며, 수많은 서구 작가들에게 창조적 불꽃을 지폈다.

톨스토이가 서구 문학에 새긴 흔적은 주로 두 갈래로 나뉜다. 하나는 심리적 사실주의요, 다른 하나는 도덕적, 사회적 의식이다. 그가 구현한 인물 내면 탐사법과 현실을 향한 비판적 시선은 서구 작가들에게 미지의 문학적 가능성을 보여주었다.

영국 모더니즘 작가들은 톨스토이의 문학적 성취에서 깊은 영감을 얻었다. 인간 내면의 미묘한 떨림과 의식의 흐름을 포착하려던 이들에게 톨스토이의 심리 묘사 기법은 새로운 길잡이가 되었다. 특히 인간 정신의 복잡성과 모순을 탐구하는 데 있어서 그의 방법론은 혁명적이었다. 영국 문학계는 톨스토이를 통해 표면적 사실주의를 넘어서는 심층적 진실 탐구의 가능성을 발견했다.

프랑스 문학계는 톨스토이의 작품을 열렬히 수용하며 그를 인류의 도덕적 지표로 받아들였다. 프랑스 작가들은 톨스토이의 서사적 야심과 철학적 깊이에 매료되었고, 특히 시간과 기억, 의식의 문제를 다루는 그의 방식에서 혁신적 영감을 얻었다. 의식의 흐름과 내적 독백을 통해 인간 경험의 총체성을 담아내려는 시도들은 톨스토이가 개척한 심리적 사실주의의 토양 위에서 꽃피웠다.

독일 문학은 톨스토이의 가족 서사와 세대 간 갈등 묘사에서 특별한 의미를 발견했다. 개인과 사회, 전통과 근대성 사이의 긴장을 그려내는 톨스토이의 방식은 독일 작가들에게 자신들의 역사적 경험을 문학적으로 형상화하는 모델을 제공했다. 도덕적 권위와 예술적 완성도의 조화라는 톨스토이의 이상은 독일 문학이 추구해야 할 지향점으로 받아들여졌다.

미국 문학계는 톨스토이의 서사적 규모와 도덕적 비전에서 자신들의 문학적 야망을 실현할 가능성을 보았다. 광활한 대륙의 역사와 다양한 인간 군상을 하나의 서사로 엮어내려는 미국 작가들에게 톨스토이의 작품은 더할 나위 없는 모범이었다. 절제와 함축의 미학을 추구하면서도 인간 존재의 근본적 문제를 천착하려는 미국 현대 문학의 시도들은 톨스토이의 유산 위에 세워졌다.

20세기 중반 이후 톨스토이의 영향력은 더욱 다채로운 형태로 발현되었다. 라틴 아메리카의 마술적 사실주의, 동유럽의 역사소설, 포스트콜로니얼 문학 등 다양한 문학 조류들이 톨스토이의 서사적 야망과 사회적 시각을 각자의 문화적 토양에 맞게 변용했다. 한 가족의 연대기를 통해 민족과 시대의 운명을 조망하는 서사 전략, 개인적인 것과 역사적인 것의 변증법적 결합은 현대 세계문학의 중요한 특징이 되었다.

톨스토이의 비폭력 사상과 권력 비판은 20세기 참여 문학의 정신적 토대가 되었다. 문학의 도덕적 책임과 사회적 역할을 강조한 그의 입장은 전체주의와 폭력에 맞선 저항 문학의 원동력이 되었다. 국가 권력의 억압성을 폭로하고 개인의 양심적 자유를 옹호하는 문학적 전통은 톨스토이의 정신적 유산을 계승한 것이다.

현대 문학에서도 톨스토이의 메아리는 여전히 울려 퍼진다. 포스트모던 시대의 작가들은 톨스토이의 도덕적 확신과 달리 불확실성과 상대성의 세계를 그리지만, 인간 내면의 복잡성을 탐구하고 삶의 의미를 묻는 근본적 충동은 여전히 톨스토이적이다. 현대 작가들은 그의 심리적 통찰과 서사적 기법을 물려받으면서도 동시대의 감수성과 문제의식으로 재해석한다.

톨스토이의 영향력은 순수문학의 경계를 넘어 에세이, 비평, 교육 이론 등 다양한 분야로 확산되었다. 그의 종교적, 철학적 성찰은 20세기 지성사의 중요한 이정표가 되었고, 예술과 삶의 관계에 대한 그의 사유는 현대 미학 이론의 발전에 기여했다. 교육의 본질과 방법에 관한 그의 실험적 시도들은 진보적 교육 운동의 선구적 모델로 평가받는다.

결국 톨스토이는 서구 문학의 지형을 근본적으로 변화시킨 거장으로, 그의 심리적 사실주의와 서사적 비전, 도덕적 열정은 현대 문학의 든든한 기초가 되었다. 시간이 흐를수록 그의 영향력은 희미해지기는커녕 새로운 맥락에서 재발견되고 재해석되며, 이는 그의 작품이 지닌 보편적 호소력과 영원한 생명력을 입증한다. 톨스토이가 탐구한 인간 조건의 근본 문제들은 여전히 우리 시대의 핵심 과제로 남아 있으며, 그의 문학적 유산은 미래의 작가들에게도 끊임없는 영감의 원천이 될 것이다.

3.3 동양 문학에 미친 영향

톨스토이의 작품과 사상은 동양 문학, 특히 중국, 일본, 한국, 인도를 비롯한 아시아 여러 나라의 문학과 사상에도 뚜렷한 자취를 남겼다. 19세기 말과 20세기 초, 동양 사회들이 근대화와 서구화라는 격랑 속에서 항로를 찾고 있을 때, 톨스토이는 서구 문명의 물질주의와 제국주의를 넘어서는 또 다른 길을 제시하는 예언자적 존재로 다가왔다.

동양에서 톨스토이의 수용은 단순한 문학적 차원을 초월하여 사회적, 정치적, 문화적 함의를 품고 있었다. 그는 서구 문명의 기술적 진보를 인정하면서도 그 도덕적, 영적 공허함을 꿰뚫어 보는 혜안을 보여주었다.

중국에서 톨스토이는 20세기 초 지식인들의 정신세계를 뒤흔들었다. 중국 현대 문학의 선구자들은 톨스토이의 사실주의 기법과 사회 비판적 안목을 자신들의 창작 속에 용해시켰다. 문학을 통한 사회 변혁과 민족 각성의 가능성을 톨스토이에게서 발견한 중국 작가들은 그를 단순한 문인이 아니라 시대의 스승으로 받아들였다. 문학이 사회의 거울이자 양심이 될 수 있다는 톨스토이의 신념은 중국 현대 문학의 근간을 이루는 정신이 되었다.

일본에서도 톨스토이는 메이지 시대 이후 거대한 정신적 파장을 일으켰다. 일본의 작가들은 톨스토이의 소박한 삶과 자연 회귀 철학에 깊이 매료되었고, 급속한 근대화와 서구화의 물결 속에서 톨스토이는 성찰의 닻이 되어주었다. 인간 영혼의 복잡성과 모순을 통찰하는 톨스토이의 시선은 일본 문학에 새로운 심리 탐구의 지평을 열어주었다. 인간이 품고 있는 고귀함과 비참함의 이중성에 대한 톨스토이의 천착은 일본 근현대 문학의 중요한 주제가 되었다.

한국에서 톨스토이의 영향은 일제강점기에 특히 선명하게 드러났다. 한국 근대 문학의 개척자들은 톨스토이의 사실주의와 도덕적 메시지에 깊이 감응했다. 문학이 민족 계몽과 사회 개혁의 횃불이 될 수 있다는 톨스토이의 문학관은 식민지 현실 속에서 더욱 절실한 의미를 획득했다. 단순한 미적 즐거움을 넘어 인간의 영혼을 각성시키고 사회를 변화시키는 문학의 소명은 한국 근대 문학 정신의 핵심이 되었다.

인도에서 톨스토이의 영향은 비폭력 저항 운동과 사회 개혁의 정신적 토대가 되었다. 톨스토이의 검소한 삶의 원칙과 비폭력 사상은 인도의 독립운동과 깊이 결합되어 역사의 물줄기를 바꾸었다. 진정한 문명이 무력이 아니라 비폭력과 진실, 모든 생명에 대한 존중에 기초한다는 톨스토이의 가르침은 인도 민족 해방 운동의 초석이 되었다.

톨스토이의 영향은 동남아시아와 중동 지역의 문학과 사상에도 스며들었다. 그의 비폭력 원칙, 소박한 삶에 대한 열망, 물질주의 비판은 식민지 해방 운동과 사회 개혁 운동의 정신적 무기가 되었다. 아시아와 아프리카의 탈식민 운동에서 톨스토이는 서구 문명의 물질적 풍요와 도덕적 빈곤을 동시에 폭로할 수 있는 예리한 칼날이었다.

동양 문학에서 톨스토이의 영향은 단순한 문학 기법의 모방을 넘어, 문학의 사회적 소명과 작가의 윤리적 책무에 대한 근본적 물음으로 이어졌다. 동양의 많은 작가에게 톨스토이는 예술가이자 도덕적 길잡이였으며, 이러한 이중적 역할은 동양 문학의 전통적 가치관과도 깊이 어우러졌다.

오늘날에도 톨스토이의 영향은 아시아 문학에서 생생하게 살아 숨 쉰다. 현대 아시아 작가들은 톨스토이의 서사적 포부와 도덕적 통찰을 자신들의 문화적, 역사적 토양에 창의적으로 이식하고 있다. 한 마을이나 가족의 이야기를 통해 국가의 역사와 민족의 운명을 조망하는 서사 전략, 지역적인 것을 보편적인 것으로 승화시키는 문학적 연금술은 톨스토이가 동양 문학에 전수한 귀중한 유산이다.

결론적으로, 톨스토이는 동양 문학과 사상의 지형을 바꾸어놓았으며, 이는 그의 작품과 사상이 지닌 보편적 호소력과 특히 근대화 과정에서 동양 사회들이 맞닥뜨린 도전과의 깊은 연관성을 입증한다. 톨스토이가 동양에 남긴 유산은 문화적, 역사적 경계를 뛰어넘는 인간 경험의 보편성과 예술의 도덕적 차원에 대한 그의 탁월한 혜안을 증명한다.

4. 사상의 계승과 변형

4.1 톨스토이즘의 국제적 확산

'톨스토이즘'은 한 작가의 문학적 성취를 넘어선 삶의 혁명이었다. 19세기 말 러시아에서 시작된 이 정신적 물결은 국경과 시대를 초월하여 오늘날까지 메아리치고 있다. 특정 교리나 조직적 체계 없이도, 톨스토이의 글에서 빛을 발견한 이들이 자발적으로 모여 새로운 삶의 가능성을 탐구했다.

이 정신적 여정의 핵심에는 비폭력의 실천, 채식의 선택, 술을 멀리함, 손수 일하는 기쁨, 소박한 일상의 추구, 그리고 억압적 권력 구조에 대한 단호한 거부가 자리했다. 문학적 숭배나 추상적 철학이 아닌, 구체적 삶의 변혁과 사회적 각성을 향한 열망이었다.

1880년대와 1890년대 러시아 곳곳에는 젊은 지식인들이 만든 공동체가 꽃피었다. 함께 땅을 일구고, 육체적 노동의 신성함을 체험하며, 고기 없는 식탁과 술 없는 교제를 통해 순수한 인간관계를 회복하려 했다. 불평등과 물질만능주의가 지배하던 시대에 이들은 다른 삶이 가능함을 몸소 증명했다.

제정 러시아의 권력자들과 종교 지도자들은 이러한 움직임을 두려워했다. 감시와 체포, 시베리아 유배와 추방이 이어졌고, 병역을 거부한 청년들은 혹독한 대가를 치렀다. 그럼에도 불구하고 톨스토이의 정신을 따르는 이들의 신념은 꺾이지 않았다.

놀랍게도 이 사상의 씨앗은 러시아라는 토양을 넘어 전 세계로 퍼져나갔다. 유럽과 아메리카, 아시아 각지에서 톨스토이의 글이 번역되고 읽히며 공감의 물결을 일으켰다. 영국에서는 톨스토이 사회가 탄생했고, 아일랜드의 극작가들은 그를 시대의 양심으로 받아들였다. 현대 문명의 위선과 폭력을 직시하고 더 높은 도덕적 원칙에 따라 살라는 그의 호소는 수많은 지식인과 예술가들의 가슴을 울렸다.

대서양 건너 미국에서도 톨스토이의 메시지는 강력한 반향을 불러일으켰다. 보스턴 근교에 세워진 톨스토이 농장은 미국적 이상주의와 러시아적 영성이 만나는 독특한 공간이 되었다. 도시 문명의 병폐를 벗어나 자연 속에서 육체노동과 정신적 성찰을 결합시키려는 실험이 계속되었다.

동아시아에서도 놀라운 반향이 일어났다. 일본의 작가들은 도시를 떠나 농촌에서 톨스토이적 삶을 실천했고, 급속한 근대화에 대한 해답을 그의 사상에서 찾았다. 자연과 더불어 사는 삶, 물질적 욕망을 절제하는 지혜, 타인과 공존하는 방식에 대한 톨스토이의 가르침은 동양의 전통적 가치관과 깊이 공명했다.

우리나라에서도 일제강점기라는 어둠 속에서 톨스토이의 빛은 희망의 등불이 되었다. 선각자들은 그의 비폭력 정신과 소박한 삶의 지혜에서 식민 지배와 물질문명에 맞서는 정신적 무기를 발견했다. 양심에 따라 사는 용기, 불의에 굴복하지 않는 의지는 암울한 시대를 견디는 버팀목이 되었다.

1917년 러시아 혁명 이후 볼셰비키 정권은 톨스토이즘에 대해 복잡한 감정을 보였다. 사회적 불의에 대한 비판은 환영했지만, 비폭력 원칙과 영적 차원은 반동적이라 규정했다. 1920년대에 들어서면서 소비에트 권력은 톨스토이주의 공동체들을 본격적으로 억압하기 시작했다. 국가 권위를 인정하지 않는 그들의 신념은 새로운 체제와도 충돌할 수밖에 없었다.

20세기 중반을 지나며 조직화된 형태의 톨스토이즘은 쇠퇴했지만, 그 정신적 유산은 평화 운동, 생태 운동, 채식 운동, 대안적 삶의 모색 속에서 새롭게 숨 쉬고 있다. 제도나 교단이 아닌, 개인의 양심과 실천을 통해 세상을 변화시키려는 그의 비전은 여전히 살아있다.

지금, 이 순간에도 세계 곳곳의 평화를 사랑하는 이들, 지구를 보호하려는 이들, 정의로운 사회를 꿈꾸는 이들의 가슴 속에서 톨스토이의 불꽃은 타오르고 있다. 현대의 수많은 사회적 실험과 영적 탐구 속에서 우리는 그의 숨결을 느낄 수 있다.

4.2 20세기 인본주의적 전통에서의 위치

톨스토이는 20세기 인본주의 정신의 빛나는 별이 되었다. 인간 존엄의 가치, 폭력 없는 저항, 정의로운 사회, 그리고 양심의 자유를 추구하는 수많은 영혼이 그의 사상에서 길을 찾았다.

19세기 말에 살았던 한 사람이 어떻게 20세기 전체를 관통하는 정신적 나침반이 될 수 있었을까. 비폭력 저항, 평화의 추구, 자연과의 공존, 권위에 맞서는 용기라는 그의 메시지는 시대를 앞서간 예언이었다. 현대 인본주의 정신의 뿌리에는 그의 깊은 통찰이 자리하고 있다.

톨스토이가 심은 비폭력의 씨앗은 20세기 가장 위대한 저항 운동으로 꽃피었다. 흑인 민권 운동의 지도자들은 톨스토이의 가르침에서 영감을 받았고, 악에 대항하지 말라는 그의 원칙은 비폭력 저항이 단순한 전술이 아니라 도덕적 원칙이자 삶의 방식임을 일깨웠다. 식민지 해방 운동의 지도자들 역시 톨스토이의 정신적 유산을 계승하며 평화적 저항의 길을 개척했다.

두 차례 세계대전의 참화와 끝없는 지역 분쟁 속에서도 톨스토이의 반전 메시지는 꺼지지 않는 촛불이었다. 제1차 세계대전의 양심적 병역거부자들부터 베트남전 반대 시위대까지, 평화를 갈망하는 이들은 그의 저작에서 도덕적 용기를 얻었다. 애국심이라는 이름으로 정당화되는 집단적 살인의 부도덕성을 폭로한 그의 통찰은 전쟁에 반대하는 모든 이들의 정신적 지주가 되었다.

소박함과 검소함을 추구한 그의 철학은 20세기 대안 문화의 정신적 토대가 되었다. 1960년대 꽃을 든 청년들, 생태 마을을 일구는 개척자들, 자발적 가난을 선택한 구도자들 모두 톨스토이의 발자취를 따랐다. 소비만능주의라는 현대의 우상에 맞서 다른 풍요로움을 제시한 것이다. 단순한 삶이 어떻게 도덕적, 영적 온전함의 필수적 조건인지를 보여준 그의 가르침은 오늘날 환경 위기와 문화적 위기에 중요한 통찰을 제공한다.

아이들의 순수한 영혼을 존중한 그의 교육 철학은 20세기 진보 교육의 씨앗이 되었다. 야스나야 폴랴나 학교의 혁신적 실험은 아동의 자연스러운 호기심과 학습 욕구를 존중해야 한다는 근본적 통찰을 담고 있었다. 아동의 타고난 창의성을 억압하지 않고 키워내려는 시도는 현대 교육의 근간이 되었고, 수많은 교육 혁신가들이 톨스토이가 개척한 길을 더욱 넓혔다.

삶의 의미를 찾아 헤맨 톨스토이의 실존적 고뇌는 20세기 실존주의 철학의 서막이었다. 내 삶의 의미는 무엇인가라는 근원적 물음은 모든 철학적 사유의 출발점이 되었고, 현대인의 실존적 불안과 의미 상실의 경험을 예리하게 포착한 그의 통찰은 실존주의 사상가들에게 깊은 영향을 미쳤다.

권력에 대한 날카로운 비판, 국가 폭력의 폭로, 거대한 체제에 대한 의심은 20세기 후반 비판이론의 선구적 통찰이었다. 학교, 법원, 군대, 교회와 같은 제도들이 어떻게 개인을 규율하고 통제하는지에 대한 그의 분석은 현대 권력 이론의 중요한 선취였다. 일상적 관계와 제도 속에 스며든 권력의 작동 방식에 대한 그의 이해는 놀라울 정도로 현대적이었다.

모든 생명을 소중히 여긴 그의 마음은 현대 생태 윤리의 출발점이 되었다. 인간중심주의를 넘어 지구 생명공동체 전체를 아우르는 연민은 오늘날 환경운동의 철학적 기초가 되었다. 모든 생명체가 내재적 가치를 가지며 인간이 자연과 분리될 수 없는 존재임을 깨달은 그의 통찰은 현대 생태 사상의 핵심과 깊이 공명한다.

한 세기가 지난 지금도 톨스토이의 사상은 살아 숨 쉬고 있다. 19세기의 한 작가를 넘어, 그는 현대 인본주의의 영원한 스승이자 영감의 샘이 되었다. 새로운 세대는 계속해서 그의 글에서 희망과 지혜를 발견하고 있다.

궁극적으로 톨스토이가 우리에게 남긴 가장 소중한 유산은 인간의 도덕적 가능성에 대한 흔들리지 않는 믿음이다. 비폭력과 정의, 인간의 존엄과 자연과의 조화라는 그의 꿈은 오늘도 수많은 가슴 속에서 불꽃처럼 타오르며 세상을 밝히고 있다.

4.3 21세기 톨스토이 연구의 새로운 경향

새천년의 문턱을 넘어서며 톨스토이 연구는 경이로운 변모를 거듭하고 있다. 디지털 혁명의 물결과 참신한 사유의 틀들이 이 러시아 문호의 작품 세계에 생동감 넘치는 활력을 선사한다. 문학적 해석이나 생애 탐구라는 전통적 경계를 초월하여, 수많은 지식 영역들이 서로 교차하고 어우러지며 그가 남긴 정신적 보화를 되살려내고 있다.

디지털 기술의 경이로운 역량이 톨스토이가 빚어낸 방대한 언어의 바다를 항해할 새로운 나침반을 제공한다. 그가 남긴 수백만 개의 낱말들이 전자적 탐사 장비 속에서 은밀했던 무늬와 짜임새를 서서히 드러낸다. 주요 대학들이 주도하는 디지털 프로젝트들은 『전쟁과 평화』의 거대한 서사 공간을 눈앞에 생생하게 구현해낸다. 500명 이상의 인물들이 엮어내는 얽히고설킨 인연의 그물망이 화면 위에 그려질 때, 독자들은 작품 속에 감추어진 정교한 설계도를 마침내 목격하게 된다.

오늘날의 이론적 렌즈로 비추어본 톨스토이는 전혀 새로운 얼굴을 드러낸다. 후기구조주의와 탈식민 담론, 그리고 젠더 탐구의 조명 아래서 오랜 세월 은폐되어 있던 의미의 지층들이 모습을 드러낸다.

여성주의적 독해가 선사하는 안나 카레니나와 나타샤 로스토바, 그리고 키티 쉐르바츠카야는 이제 침묵하는 그림자가 아니다. 톨스토이의 여성 인물들은 단순한 남성적 욕망의 대상이나 이념적 상징이 아니라, 복잡한 내면세계와 주체성을 지닌 존재들로 새롭게 조명받는다. 특히 안나 카레니나는 가부장제 사회의 제약에 저항하는 주체적 여성으로 읽힐 수 있다. 19세기라는 시대적 한계에도 불구하고 톨스토이가 보여준 여성 경험에 대한 통찰력은 현대적 관점에서도 놀라운 깊이를 지닌다.

탈식민적 시각으로 조명하는 톨스토이 탐구 역시 활발한 생명력을 발산하고 있다. 그가 그려낸 캅카스 산맥의 풍경과 토착민의 삶, 제국의 확장에 관한 입장들이 엄밀한 검토의 대상이 되고 있다. 톨스토이는 러시아의 팽창주의를 날카롭게 비판했으나, 동시에 귀족으로서의 특권과 제국적 시야로부터 온전히 벗어나지는 못했다. 이 같은 이중성은 오늘날 탈식민 연구가 천착하는 핵심 주제가 되었다. 톨스토이 작품에 나타난 '문명화된' 러시아인과 '원시적인' 원주민이라는 이분법적 시각과 함께, 제국의 폭력성과 식민지 지배의 부당함을 폭로하는 반제국주의적 잠재력이 공존한다. 이러한 양면성을 섬세하게 분석하는 작업이야말로 탈식민지적 톨스토이 연구가 떠안은 과업이다.

톨스토이가 품었던 종교적 갈망에 관한 재조명 또한 오늘날 연구의 핵심 흐름을 이룬다. 소비에트 체제 아래서 억눌렸던 그의 영적 차원이 탈소비에트 시대를 맞아 새롭게 부각되고 있다. 현재의 학자들은 톨스토이가 추구한 종교성을 단순한 윤리적 교훈이나 신비체험으로 축소하지 않고, 그 사상적 깊이와 오늘날의 함의를 진지하게 궁구한다. 톨스토이의 종교 사상은 제도적 종교의 한계를 넘어, 다양한 영적 전통의 공통 지반을 찾으려는 현대적 시도의 선구자로 평가받는다. 그의 영적 보편주의는 종교 간 대화와 지구적 윤리 모색에 중요한 통찰을 제공한다.

톨스토이가 품었던 사회적 이상과 정치적 사유에 관한 참신한 접근 또한 현재 연구의 중심축을 이룬다. 국가 권력에 대한 그의 비판과 권위에 맞선 저항, 그리고 비폭력의 원칙들이 현대 정치사상의 프리즘을 통해 재평가받고 있다. 톨스토이가 제시한 정치적 비전은 무정부주의와 평화주의, 생태 사상과 공동체주의적 요소들을 복합적으로 품고 있으며, 이는 대안적 정치 구상에 귀중한 영감의 원천이 되고 있다. 국가 권력의 본질적 폭력성과 그에 대한 일상적 저항의 중요성을 일찍이 이해한 톨스토이의 통찰은 현대 비폭력 저항과 시민 불복종 이론의 핵심적 선구로 재조명받는다. '악에 대항하지 말라'는 그의 원칙은 단순한 수동성이 아니라, 권력의 게임에 참여하지 않음으로써 그 게임 자체를 무력화하는 급진적 전략으로 해석된다.

학문 경계를 넘나드는 융합 연구 또한 현재 톨스토이 탐구의 핵심 동력이다. 문학과 역사학, 철학과 종교학, 심리학과 사회학 등 다채로운 분야의 전문가들이 힘을 모아 톨스토이가 남긴 다면적 유산을 탐사하고 있다. 톨스토이가 구축한 복합적이고 총체적인 세계상은 단일 학문의 접근으로는 온전히 포착되기 어려우며, 학제적 협업을 통해 비로소 풍성하게 이해될 수 있다. 이러한 학제적 접근은 톨스토이의 사상과 작품이 품은 중층적 의미와 현재적 함의를 한층 깊이 파악하게 해준다.

지구적 차원에서 바라보는 톨스토이 연구 역시 중요한 흐름을 형성한다. 러시아라는 울타리를 넘어, 다채로운 문화권에서 톨스토이가 어떻게 받아들여지고 해석되었는지에 관한 탐구가 활발히 전개되고 있다. 톨스토이가 미친 범세계적 영향과 각기 다른 문화적 토양에서의 수용 양상 연구는 세계문학의 지평 속에서 그의 위상을 재정립하는 데 소중한 기여를 하고 있다. 특히 아시아와 아프리카, 라틴아메리카에서 톨스토이가 단순한 서구 작가가 아닌, 각 지역의 독립운동과 사회 개혁에 깊은 영향을 미친 사상가로 인식되는 과정을 탐구함으로써, 그의 사상이 다양한 문화적 맥락에서 창조적으로 변형되고 적용될 수 있음을 이해하게 된다.

끝으로, 톨스토이가 품었던 환경 의식과 생태적 통찰에 관한 재평가 역시 21세기 연구의 핵심 국면이다. 기후 재앙과 생태계 파괴가 심화되는 오늘의 현실 속에서, 톨스토이가 추구한 자연과의 공존과 소박한 삶, 모든 생명에 대한 경외의 마음이 새롭게 각광받고 있다. 톨스토이가 지녔던 생태적 직관과 환경 의식은 생태 위기 시대에 소중한 지혜를 전해준다. 인간과 자연의 유기적 연결성, 그리고 모든 생명체에 대한 도덕적 고려의 필요성을 일찍이 인식한 그의 통찰은 현대 환경 윤리와 동물권 사상의 중요한 선구로 평가받는다. 육식 비판과 생명 존중 윤리는 우리가 직면한 생태 위기 속에서 더욱 절실한 의미를 획득한다.

이처럼 다채로운 연구 흐름은 21세기에도 톨스토이의 작품과 사상이 끊임없이 새롭게 읽히고 해석되고 있음을 입증한다. 오늘날 톨스토이 연구가 보여주는 다양성과 역동성은 그의 작품과 사상이 지닌 무궁한 풍요로움과 현재적 의미를 웅변한다. 톨스토이는 이제 단순히 19세기에 속한 고전 작가가 아니라, 우리 시대가 직면한 수많은 과제와 도전에 여전히 소중한 지혜를 전하는 생생한 목소리로 되살아나고 있다.

5. 영원한 현대인

5.1 인공지능 시대의 톨스토이적 인간 이해

오늘날 디지털 문명의 한복판에서 톨스토이가 그려낸 인간 이해는 한층 절박한 나침반이 되고 있다. 21세기를 살아가는 우리가 정보의 홍수와 산만한 집중력에 시달리는 일상 속에서, 톨스토이가 포착해낸 인간 내면의 심연은 오히려 더욱 빛나는 의미를 지니게 되었다. 그가 창조한 인물들이 지닌 내적 갈등과 다층적 성격은 오늘날 알고리즘이 만들어내는 평면적 인간 이미지에 맞서는 견고한 대안을 던져준다.

톨스토이가 그려낸 인물들은 디지털 세계가 부추기는 정체성의 파편화와 피상적 자기 표출을 뛰어넘는 온전한 인간의 모습을 보여준다. 『안나 카레니나』에 등장하는 레빈이 펼치는 자기 진정성을 향한 끝없는 추구는 소셜 미디어의 필터 버블과 에코 챔버 속에서 자아를 잃어가는 현대인들에게 소중한 반성의 기회를 마련해준다. 우리가 소셜 미디어에서 표현하는 자아는 종종 실제 자아와 괴리되어 있는 반면, 톨스토이의 인물들이 보여주는 자기 성찰과 내적 진실성은 오늘날 디지털 정체성의 파편화 시대에 더욱 중요한 가치가 된다.

무엇보다 인상적인 것은 톨스토이가 묘사한 인물들의 윤리적 번민과 양심의 움직임이 최신 신경과학과 도덕심리학의 연구 결과와 놀랍게 부합한다는 사실이다. 조너선 하이트를 비롯한 도덕심리학자들이 실험으로 입증한 즉각적 도덕 판단과 이후의 합리화 과정은 이미 『안나 카레니나』나 『전쟁과 평화』의 등장인물들을 통해 섬세하게 그려져 있었다. 톨스토이의 인물들이 보여주는 도덕적 직관과 합리화의 역학은 현대 도덕심리학이 발견한 패턴과 놀랍도록 유사하며, 그는 경험적 증거 없이도 인간 본성의 핵심 메커니즘을 정확히 포착했다.

톨스토이 작품에 구현된 의식의 물결과 내면의 목소리는 디지털 환경에서 점점 사라져가는 깊은 자기 탐색과 내향성의 소중함을 일깨워준다. 『안나 카레니나』에 등장하는 레빈의 내면 독백은 끊임없는 알림과 메시지로 단절되는 사고의 연속성을 복원하는 본보기를 보여준다. 톨스토이의 소설에서 시간은 확장되고, 사유는 깊어진다. 이는 정보의 즉각적 소비와 끊임없는 멀티태스킹이 특징인 디지털 환경에서 우리가 점차 잃어가고 있는 인지적 모드이다.

특별히 톨스토이 문학에 드러난 공감의 능력에 관한 탐색은 디지털 시대가 겪는 공감 부재 현상에 관한 의미 있는 시사점을 던진다. 『전쟁과 평화』에서 나타샤가 안드레이 공작의 부상을 간호하며 느끼는 깊은 연민, 또는 『안나 카레니나』에서 레빈이 농민들과 맺는 관계에서 발견하는 상호 이해는 디지털 교류에서 점점 메말라가는 감정적 유대의 소중함을 깨우쳐준다. 텍스트 메시지나 이메일 같은 비동기적 소통 방식은 우리의 공감 능력을 퇴화시키는 경향이 있다는 점에서, 톨스토이의 문학이 보여주는 심층적 공감의 순간들은 디지털 소통의 평면성을 보완하는 중요한 대안적 모델이 된다.

더 나아가 『이반 일리치의 죽음』에서 톨스토이가 그려낸 사회적 가면과 진정한 자아 사이의 간극은 디지털 페르소나와 실제 자아 사이의 현대적 분리를 예고한 것처럼 보인다. 이반 일리치가 죽음을 앞두고서야 자신의 삶이 얼마나 거짓되었는지 자각하는 장면은, 디지털 공간에서 우리가 만들어내는 가상의 정체성과 실제 삶의 간극에 관한 날카로운 은유로 해석될 수 있다. 이러한 맥락에서 톨스토이의 문학은 현대인에게 디지털 자아와 실제 자아 사이의 진정성 있는 통합을 모색하는 데 중요한 지침을 제공한다.

아울러 톨스토이가 『부활』에서 그려낸 카튜샤의 눈으로 바라본 네흘류도프의 변모는 디지털 환경에서의 타자 인식과 관련하여 깊은 함의를 담고 있다. 네흘류도프가 카튜샤를 처음엔 단지 자신의 욕망을 충족시킬 대상으로 여기다가 서서히 그녀의 독립된 주체성을 알아가는 여정은, 디지털 공간에서 타인을 단순히 콘텐츠의 생산자나 소비자로 환원하는 경향에 맞서는 의미 있는 대안을 보여준다. 톨스토이가 보여주는 타자 인식의 변화 과정은 디지털 플랫폼이 조장하는 타자의 객체화와 상품화 경향을 극복하는 데 중요한 윤리적 지침이 될 수 있다.

5.2 초연결 시대의 톨스토이적 공동체 비전

디지털 기술이 지구촌 전체를 하나로 엮어내는 오늘, 톨스토이가 꿈꾸었던 참된 공동체의 이상은 역설적으로 한층 절실한 호소력을 지니게 되었다. 겉으로는 촘촘히 연결되어 있으나 속으로는 깊은 고립감에 시달리는 현대 사회에서, 톨스토이가 야스나야 폴랴나에서 실천했던 공동체적 삶의 원칙들은 새로운 각도에서 되새겨볼 가치가 있다.

최신 네트워크 이론의 시각으로 바라보면, 톨스토이가 품었던 공동체 이상은 과거를 그리워하는 향수가 아니라 네트워크 효과와 집단 지성의 원리를 직관으로 간파한 선구적 실험으로 해석된다. 그가 역설한 '공통 지식'의 자유로운 나눔과 수평적 협업의 정신은 오늘날 오픈소스 운동과 위키피디아 같은 집단 지성 플랫폼의 근간을 이루는 원칙과 놀랍게 닮아 있다. 톨스토이가 야스나야 폴랴나에서 구현하려 했던 지식 공유와 협력의 모델은 현대 디지털 공유경제와 P2P 네트워크의 원리를 선취한 측면이 있으며, 그의 비전은 디지털 시대의 연결성이 단순한 기술적 연결을 넘어 어떻게 의미 있는 인간적 유대로 발전할 수 있는지에 대한 통찰을 제공한다.

톨스토이가 제시한 공동체 이상이 현대 디지털 환경에 던지는 또 하나의 의미 있는 시사점은 지역성과 세계성의 조화에 관한 것이다. 그가 힘주어 말한 '대지에 뿌리박은 삶'의 원칙은 역설적으로 디지털 노마드와 재택근무가 보편화된 오늘날 장소감과 공동체적 귀속감의 소중함을 되새기게 한다. 톨스토이의 로컬리티에 대한 강조는 디지털 초연결성 시대에 역설적으로 더 중요해진다. 그의 비전은 글로벌 디지털 연결성과 로컬 공동체 경험의 균형을 모색하는 현대 도시계획의 '15분 도시' 개념과 깊은 공명을 이룬다.

톨스토이가 그린 공동체 이상은 디지털 기술이 만들어낸 시공간 압축과 지구적 연결망의 맥락에서 새롭게 해석되어야 한다. 그가 야스나야 폴랴나에서 추구한 자급자족 공동체 모형은 현대 기술이 가능하게 한 '글로컬' 네트워크의 원형으로 이해할 수 있다. 주목해야 할 것은 톨스토이가 지역 기반 생활과 세계적 지식 교류를 동시에 추구했다는 사실이다. 그는 세계 각국의 지식인들과 편지를 주고받으며 지구적 네트워크를 구축하면서도, 동시에 지역 공동체 안에서의 직접적 인간관계와 물질적 자립을 강조했다. 이러한 이중적 지향은 온라인 연결성과 오프라인 공동체 경험의 균형을 모색하는 현대의 대안적 라이프스타일 운동과 깊은 공명을 이룬다.

톨스토이의 공동체론에 담긴 '충분성의 경제학'은 현대 디지털 자본주의의 끝없는 팽창 논리에 맞서는 의미 있는 대안적 전망을 제시한다. 그가 『안나 카레니나』에서 레빈을 통해 모색한 '충족된 삶'의 개념은 현대 소비주의가 부추기는 끝없는 욕망의 증식 메커니즘에 근본적 의문을 제기한다. 그가 주창한 '단순한 삶'의 원칙은 디지털 미니멀리즘, 느린 기술 운동, 의식적 소비 등 오늘날 대안 라이프스타일 운동의 원형으로 이해할 수 있다.

톨스토이가 구상한 농촌 공동체 모형은 현대 디지털 협업 플랫폼에도 귀중한 영감을 준다. 그가 레빈을 통해 시도한 협동 농업 방식은 농민들의 자율성과 협력적 의사결정을 존중했는데, 이는 현대 분산형 자율 조직이나 협동조합형 디지털 플랫폼이 지향하는 원리와 본질적으로 통한다. 그의 비전은 알고리즘 통제와 중앙집중적 플랫폼 권력에 대한 대안으로서 참여자들의 직접 민주주의적 거버넌스와 공유 자원의 지속 가능한 관리 원칙을 제시한다는 점에서 현대 플랫폼 협동조합 운동에 중요한 영감을 제공한다.

특별히 주목해야 할 것은 톨스토이가 야스나야 폴랴나 학교에서 시도한 교육 방식이 현대 디지털 교육 환경에 던지는 메시지다. 그가 강조한 학생 중심의 자기 주도적 배움과 경험에 바탕을 둔 교육은 알고리즘이 제시하는 획일화된 학습 경로를 따르는 현대 에듀테크의 한계를 보완하는 의미 있는 대안이 될 수 있다. 톨스토이가 추구한 교육의 '유기적 성장' 모델은 개인의 내재적 동기와 고유한 관심사를 존중하는 접근으로, 현대 디지털 교육 플랫폼이 자칫 획일화할 수 있는 학습 경험을 다양화하고 개인화하는 데 중요한 통찰을 제공한다.

5.3 알고리즘 시대의 톨스토이적 윤리

인공지능과 알고리즘이 인간의 선택과 가치 판단에 갈수록 깊숙이 개입하는 오늘의 현실에서, 톨스토이가 펼친 윤리적 사유는 놀라울 만큼 시의적절한 울림을 전한다. 그가 역설한 도덕적 자율성과 외부 권위를 향한 날카로운 의문은 알고리즘 추천과 자동화된 판단이 일상을 지배하는 상황에서 핵심적인 윤리적 좌표가 되고 있다.

『전쟁과 평화』에서 톨스토이가 펼쳐낸 역사 결정론 비판과 개인의 윤리적 책무에 관한 강조는 오늘날 인공지능의 결정론적 메커니즘과 인간 행위자 사이의 관계를 되짚어보게 한다. "역사는 인간의 자유의지와 필연성 사이의 변증법적 과정"이라는 그의 선언은 알고리즘 결정론과 인간 자율성 사이에 존재하는 오늘날의 긴장 관계를 예고한 것처럼 보인다. 톨스토이의 역사철학이 던진 자유의지와 필연의 문제는 알고리즘 사회에서 새로운 모습으로 되살아나며, 그가 남긴 통찰은 추천과 예측 시스템이 인간의 선택과 자기 결정권에 끼치는 영향을 숙고하는 데 철학적 토대를 마련해 준다.

톨스토이 윤리학이 기술 윤리에 전하는 또 하나의 소중한 깨달음은 수단과 목적 사이의 연관성에 관한 것이다. 『안나 카레니나』에서 레빈을 통해 문제 삼은 기술 합리성의 맹목적 추종은 기술 발전의 '할 수 있다면 해야 한다'는 논리를 향한 선구적 비판으로 읽힌다. 19세기 농업 기계화를 바라보며 톨스토이가 던진 '이것이 인간의 삶을 진정으로 풍요롭게 하는가?'라는 물음은 AI와 자동화를 마주한 우리가 숙고해야 할 본질적 질문이다. 그의 시각은 효율성을 초월하여 기술이 품은 윤리적, 사회적 함의를 고민하는 기술 윤리의 원형을 보여준다.

톨스토이의 비폭력 사상은 정보 전쟁과 사이버 공격이 난무하는 시대에 새로운 생명력을 얻는다. 『신의 왕국은 너희 안에 있다』에서 심화시킨 "악에 맞서지 말라"는 원칙은 단순한 폭력 거부를 초월하여, 대립의 이원적 틀 자체를 무너뜨리려는 혁명적 시도였다. 이런 접근법은 '적대적 AI' 개발 경쟁이나 사이버 공격과 방어의 악순환을 바라보는 대안적 시각을 열어준다. 톨스토이의 비폭력 사상은 사이버 보안을 공격과 방어의 이원론을 벗어나, 상호 신뢰와 협업에 기초한 디지털 생태계 건설로 재구상하는 데 의미 있는 지혜를 선사한다.

『부활』에서 톨스토이가 심화시킨 사회 구조와 개인 책임의 연관성에 관한 통찰은 알고리즘 책임성 논의에도 의미 있는 화두를 던진다. 네흘류도프의 윤리적 자각이 개인적 참회에 머물지 않고 사회 체제 전반을 향한 비판으로 확대되는 여정은, 알고리즘 윤리를 기술적 문제나 개발자 개인의 책임으로 축소하지 않고 사회 구조적 관점에서 바라봐야 함을 일깨운다.

무엇보다 눈여겨볼 것은 톨스토이가 강조한 '양심'이 알고리즘 윤리와 AI 거버넌스에 던지는 메시지다. 『신앙론』에서 전개한 "모든 인간에게 내재한 도덕적 직관으로서의 양심" 개념은 알고리즘 체계의 설계와 규제에서 인간 중심 가치의 중요성을 환기시킨다. 톨스토이의 양심 개념은 AI 윤리에서 논의되는 '가치 정렬' 문제의 핵심을 꿰뚫으며, 그가 남긴 지혜는 알고리즘 체계가 인간의 근원적 가치와 어떻게 조화를 이룰 수 있는지에 관한 의미 있는 시각을 제공한다.

이런 맥락에서 『전쟁과 평화』에 등장하는 쿠투조프의 지도력 모형은 알고리즘 거버넌스에 소중한 교훈을 전한다. 쿠투조프가 구현한 '비개입적 지도력'은 상황의 자연스러운 흐름을 존중하며 필요한 순간에만 최소한으로 개입하는 방식으로, 알고리즘 체계의 설계와 규제에 의미 있는 본보기가 될 수 있다. 그의 방식은 알고리즘의 자율적 학습과 진화를 인정하면서도, 인간 중심 가치와 윤리적 원칙을 지켜내는 균형 잡힌 거버넌스의 가능성을 보여준다.

5.4 포스트 휴먼 시대의 톨스토이적 인간 이해

생명공학과 인공지능이 인간 존재의 근본과 한계를 재정의하는 포스트휴먼 시대를 맞아, 톨스토이가 탐구한 인간 이해는 새로운 빛을 발한다. 그의 작품 속에 구현된 육체와 정신, 이성과 감정, 개인과 전체를 아우르는 통합적 인간관은 기술이 초래한 인간 존재의 분열과 재편성을 숙고하는 데 귀중한 토대가 된다.

『전쟁과 평화』에서 피에르와 안드레이 공삭이 구현하는 이성과 직관의 변증법적 융합은 현대 인지과학의 체화된 인지 이론과 놀라운 일치를 보인다. 톨스토이가 직관으로 포착한 몸과 마음의 통합적 작용은 현대 신경과학이 실험으로 입증한 신체화된 인지 과정의 원리를 앞서 간파한 것으로 볼 수 있다. 톨스토이의 인물들이 보여주는 사고와 감정, 육체와 정신의 통합적 작용은 현대 인지과학의 '확장된 마음' 이론과 놀라운 공명을 이루며, 그의 인간 이해는 디지털 기술과 인간인지가 융합되는 현대적 맥락에서 중요한 통찰을 제공한다.

톨스토이가 제시한 인간 이해가 포스트휴먼 담론에 건네는 또 다른 귀중한 시사점은 인간의 한계를 겸허히 받아들이는 자세와 관련된다. 『안나 카레니나』에서 레빈이 농부 표도르와 나눈 대화를 통해 깨우친 인간 지식의 한계와 자연을 향한 겸양은 기술적 초월로 인간의 한계를 돌파하려는 트랜스휴머니즘 담론에 의미 있는 균형추가 된다. 톨스토이가 보여주는 인간 한계에 대한 수용과 자연과의 조화는 기술적 자기 초월을 통해 인간 조건 자체를 재설계하려는 현대 트랜스휴머니즘의 과도한 자신감에 대한 중요한 교정점을 제공한다.

특별히 눈길을 끄는 것은 톨스토이의 '영적 기술'이 디지털 웰빙과 테크 디톡스 담론에 전하는 메시지다. 『참회록』에서 펼친 내면의 평화와 집중을 위한 명상적 실천은 디지털 과부하와 주의력 분산의 시대에 정신적 균형을 되찾는 소중한 본보기가 된다. 톨스토이가 실천한 내면적 집중과 현존의 기술은 디지털 주의력 경제에 맞서 인간의 자율적 주의력을 회복하는 현대적 '디지털 미니멀리즘'과 깊은 공명을 이룬다.

톨스토이 인간학이 생명공학과 인공지능 발전에 던지는 함의는 각별한 주목을 요한다. 『전쟁과 평화』에서 그려낸 인간 의식의 복잡성과 예측 불가능성은 인간 지능을 알고리즘으로 모델링하려는 시도에 비판적 시각을 제공한다. 톨스토이가 보여준 인간 의식의 비선형적, 창발적 특성은 계산주의적 인지 모델이 포착하지 못하는 인간 정신의 본질적 측면을 강조한다. 톨스토이의 문학이 보여주는 인간 의식의 복잡성과 체화성은 현대 인지과학이 점차 발견하고 있는 인간 정신의 창발적, 상황적 특성과 깊은 공명을 이룬다.

『안나 카레니나』에 그려진 인물들의 도덕적 복잡성과 내적 모순은 AI 윤리에서 논의되는 '가치 정렬' 문제의 근본적 난제를 예시한다. 인간 가치의 비일관성, 맥락 의존성, 역설적 특성은 인간 가치를 알고리즘으로 포착하고 구현하려는 시도의 근본적 한계를 시사한다. 톨스토이의 인물들이 보여주는 도덕적 양가성과 가치의 내적 모순은 단일한 효용 함수로 인간 가치를 모델링하려는 현대 AI 설계의 한계를 일깨운다.

톨스토이의 죽음 성찰 역시 생명 연장 기술과 디지털 불멸성 담론에 깊은 통찰을 선사한다. 『이반 일리치의 죽음』에서 제시한 죽음의 필연성과 의미에 관한 사유는 죽음을 정복하여 불멸을 얻으려는 트랜스휴머니즘의 근본 전제를 향한 날카로운 비판적 관점을 제공한다. 톨스토이가 이반 일리치를 통해 보여주는 것은 죽음의 물리적 극복보다 더 중요한 것이 죽음의 의미에 대한 이해와 수용이라는 점이다. 이는 현대 생명공학의 수명 연장 추구가 종종 간과하는 죽음의 실존적, 영적 차원을 일깨운다.

결국 톨스토이는 단순히 19세기에 머무는 문학가가 아니라, 인공지능과 빅데이터, 생명공학이 인간의 본질과 경계를 재정의하는 21세기 변혁의 순간에도 여전히 의미 있는 지혜를 전하는 사상가다. 그가 제시한 인간 이해는 기술 진보와 인간 본질의 관계, 효율성과 의미의 조화, 연결성과 고립의 변증법을 숙고하게 하며 포스트휴먼 시대의 핵심 질문들을 향한 풍성한 토대를 마련해준다.

그의 작품과 사상이 끊임없이 새롭게 해석되고 적용되는 까닭은, 그가 포착한 인간 경험의 본질적 차원들이 기술 환경의 변화에도 불구하고 여전히 우리 존재와 경험의 중심에 자리하기 때문이다. 이런 의미에서 톨스토이는 진정한 의미의 '영원한 현대인'이며, 그가 남긴 유산은 기술 혁명의 소용돌이 속에서도 인간적 가치와 의미를 지키려는 모든 이들에게 소중한 나침반이 된다.

톨스토이 연보

1828년 9월 9일, 레프 니콜라예비치 톨스토이는 러시아 제국 툴라 근교의 야스나야 폴랴나에서 귀족 가문 출신으로 태어났다. 아버지는 1812년 나폴레옹 전쟁 참전 경력을 지닌 니콜라이 일리치 톨스토이 백작이었고, 어머니는 명문 볼콘스키 가문 출신의 마리야 니콜라예브나 볼콘스카야였다.

1830년, 톨스토이가 두 살 때 어머니 마리야가 여섯 번째 아이를 출산한 직후 사망했다. 어린 시절의 모성 상실은 그의 내면에 깊은 영향을 남겼으며, 이후 작품에서 종종 이상화된 여성상으로 재현된다.

1837년, 아버지 니콜라이도 사망하면서 톨스토이는 형제들과 함께 친척들의 집을 전전하며 자랐다. 이때 고모 타치아나 예르골스카야가 그의 보호자가 되어 큰 정신적 영향을 주었다. 그녀는 훗날 톨스토이에게 "가장 순수한 정신적 영향"으로 기억된다.

1844년, 톨스토이는 16세의 나이에 카잔 대학교 동양어학부에 입학하여 아랍어, 터키어 등을 공부했으나 학문적 흥미를 느끼지 못했다.

1845년, 법학부로 전과하였으나 그마저도 곧 중퇴하였다. 그는 후에 이 시기를 회상하며 "대학에서 가르치는 것은 내가 알고 싶어 하는 것이 아니었다"라고 술회했다.

1847년, 톨스토이는 야스나야 폴랴나로 귀환하여 영지를 관리하며 농민 교육에 관심을 보이기 시작했다. 농노들을 위한 학교 설립을 시도했으나 경험 부족으로 실패를 겪었다.

1851년, 형 니콜라이를 따라 캅카스로 향하여 러시아 군대에 자원입대하였다. 이 지역에서의 체험은 그의 초기 작품인 『카자크』와 『캅카스의 포로』에 반영된다.

1852년, 자전적 소설 『유년 시절』을 「동시대인」에 발표하며 문단에 데뷔하였다. 이 작품은 비범한 심리 묘사로 비평가들의 주목을 받았다.

1853-1856년, 크림 전쟁에 참전하여 세바스토폴 전선에 배치되었다. 그 경험을 바탕으로 『세바스토폴 이야기』 3부작(「12월의 세바스토폴」, 「5월의 세바스토폴」, 「8월의 세바스토폴」)을 발표하였고, 전쟁의 참상을 사실적으로 묘사해 문단에서 강렬한 반향을 일으켰다.

1857년, 프랑스, 스위스, 독일, 이탈리아 등 유럽 각지를 여행하였다. 파리에서 공개 처형 장면을 목격하고 큰 충격을 받았으며, 이는 그 후 종교적·도덕적 전환의 단초가 되었다.

1859년, 야스나야 폴랴나로 돌아와 농민 자녀를 위한 학교를 설립하고 본격적인 교육 활동을 시작했다. 이 시기 그는 실험적인 교육 철학을 발전시켜 『야스나야 폴랴나』라는 교육 잡지를 창간하였다.

1862년, 당시 18세였던 소피야 안드레예브나 베르스와 결혼하였다. 이후 두 사람은 13명의 자녀를 두었고, 소피야는 톨스토이의 원고 필사와 편집을 도맡으며 작품 활동에 깊이 관여했다.

1863-1869년, 대작 『전쟁과 평화』를 집필하였다. 이 작품은 1805년에서 1820년까지의 나폴레옹 전쟁 시기를 배경으로, 다섯 귀족 가문의 삶과 역사적 사건을 통합한 총체적 서사로서 세계 문학사의 걸작으로 평가받는다.

1873-1877년, 두 번째 대작 『안나 카레니나』를 집필하였다. 당대 러시아 상류 사회의 도덕적 위선과 개인의 자유 사이의 갈등을 심층적으로 묘사하였다.

1879-1882년, 심각한 실존적 위기를 겪으며 『참회록』을 집필하였다. 이 책에서 그는 죽음과 삶의 의미에 대해 고뇌하며, 종교적 전환의 계기를 마련하였다.

1884년, 『나의 신앙은 어디에 있는가』를 발표하여 기존의 정교회 교리를 비판하고 예수의 윤리적 가르침에 충실한 기독교 해석을 제시하였다.

1891-1892년, 러시아 중부에서 기근이 발생하자 야스나야 폴랴나 인근 지역에서 식량 배급과 구호소 운영 등 직접적인 구호 활동을 벌였다.

1897년, 예술에 대한 도덕적 정의를 강조한 저서 『예술이란 무엇인가』를 발표하였다. 당대 유럽 예술계와 비평계에 큰 논쟁을 불러일으켰다.

1899년, 후기 장편소설 『부활』을 발표하였다. 이는 귀족 네홀류도프의 도덕적 각성을 통해 러시아 사법 제도와 정교회를 비판한 작품이며, 이에 따라 정교회와의 갈등이 격화되었다.

1901년, 러시아 정교회로부터 공식적으로 파문당하였다. 이는 그의 종교적 입장과 사회 비판이 제도 종교와 완전히 결별했음을 상징하는 사건이었다.

1910년 10월 28일, 82세의 톨스토이는 가족과의 갈등과 내적 고뇌 끝에 야스나야 폴랴나를 떠나 방랑의 길을 선택하였다. 여행 중 아스타포보 기차역 부근에서 병에 걸려 쓰러졌다.

1910년 11월 20일, 아스타포보 역장의 집에서 폐렴으로 사망하였다. 그의 장례식은 정교회 의식을 따르지 않고, 유언에 따라 야스나야 폴랴나 숲속, 형제들과 함께 '녹색 지팡이'를 묻었다고 전해지는 장소 인근에 비석 없이 간소하게 치러졌다.

참 고 문 헌

강수정. 『톨스토이와 생태윤리의 기초』. 서울: 녹색평론사, 2020.
고성희. 「레프 톨스토이의 윤리적 인간상 연구」, 『노어노문학』 제99집, 2020.
김정우. 『러시아 고전소설의 종교의식과 윤리적 구도』. 서울: 문학과지성사, 2017.
김진영. 「레프 톨스토이의 종교적 사유와 실천 - 『참회록』과 후기 소설을 중심으로」, 『러시아문학』 제87호, 2023.
김진영. 「『전쟁과 평화』에 나타난 역사철학과 민중의 역할」, 『러시아문학연구』 제41집, 2021.
김태환. 「톨스토이의 『안나 카레니나』와 도스토옙스키의 『죄와 벌』의 도덕관 비교」, 『노어노문학』 제105집, 2022.
김학수. 「러시아 농노해방과 톨스토이의 사상 형성」, 『러시아사연구』 제12권, 2011.
류병재. 「톨스토이 후기 소설에 나타난 도덕적 의식」, 『러시아문화연구』 제8권 2호, 2015.
문성원. 『러시아문학과 기독교 정신』. 서울: 새문사, 2019.
박상진. 「『안나 카레니나』의 구성 원리와 상징 구조」, 『세계문학비교연구』 제24호, 2010.
박종소. 『러시아문학사』. 서울: 민음사, 2015.
박종소. 『러시아 지성의 역사』. 서울: 민음사, 2017.
박혜란. 「『부활』에 나타난 사회개혁사상과 법의식」, 『러시아사학보』 제56집, 2021.
서영채. 『러시아 사실주의 소설 연구』. 서울: 민음사, 2011.
서승희. 『톨스토이의 삶과 문학: 고전과 혁명의 경계에서』. 서울: 소명출판, 2017.

서승희. 「톨스토이 종교관의 사상적 기반」, 『비교사상』 제27집, 2023.
송민호. 「『안나 카레니나』의 성도덕과 신화적 구도」, 『슬라브학보』 제83집, 2018.
안선재. 『전쟁과 평화』 해제. 서울: 민음사 세계문학전집, 2008.
유영미. 「톨스토이 후기 소설의 도덕성 탐구」, 『슬라브연구』 제29권 3호, 2014.
이득재. 『도스토옙스키 vs 톨스토이』. 서울: 새물결, 2019.
이명현. 『톨스토이의 세계』. 서울: 연암서가, 2016.
이명현. 「러시아 농촌 공동체에 대한 톨스토이의 이상과 현실」, 『슬라브학보』 제91집, 2022.
이영준. 『톨스토이와 근대의 양심』. 서울: 휴머니스트, 2016.
임우경. 「톨스토이의 교육 사상과 야스나야 폴랴나 학교의 실험」, 『비교교육연구』 제25권 2호, 2015.
정명교. 『톨스토이의 역사철학』. 서울: 문학과지성사, 2014.
정명교. 「『부활』에 나타난 종교 비판과 러시아 정교회 파문의 맥락」, 『러시아문학연구』 제43집, 2020.
조성택. 「톨스토이의 기독교 무저항주의와 현대 비폭력운동」, 『종교와사회』 제41권, 2022.
최선. 「『안나 카레니나』의 여성성과 가족 이데올로기 비판」, 『러시아문학연구』 제42집, 2021.
최연희. 『러시아 고전문학의 가족상과 여성상』. 서울: 서울대학교출판문화원, 2015.
한승희. 「『전쟁과 평화』 속 집단과 개인의 윤리적 갈등」, 『세계문학연구』 제32권, 2020.
하승우. 『비폭력주의의 철학 – 간디와 톨스토이』. 서울: 그린비, 2013.
홍대화. 「톨스토이의 역사 서술: '보로디노 전투'를 중심으로」, 『러시아문화연구』 제5권 1호, 2013.
홍종률. 『러시아문학과 민중정신』. 서울: 한울아카데미, 2012.

황선영. 「톨스토이 종교관의 사상적 기반」, 『비교사상』 제27집, 2023.
허성도. 『러시아문학의 인문적 전통』. 서울: 글항아리, 2022.

Tolstoy, Leo. What Is Art? Translated by Richard Pevear and Larissa Volokhonsky. London: Penguin Books, 1995.
Tolstoy, Leo. A Confession and Other Religious Writings. Translated by Jane Kentish. London: Penguin Books, 1987.
Tolstoy, Leo. Resurrection. Translated by Rosemary Edmonds. London: Penguin Classics, 2003.
Tolstoy, Leo. Anna Karenina. Translated by Richard Pevear and Larissa Volokhonsky. New York: Viking Press, 2000.
Tolstoy, Leo. War and Peace. Translated by Anthony Briggs. London: Penguin Books, 2006.
Aucouturier, Michel. Tolstoï. Paris: Éditions du Seuil, 1993.
Bartlett, Rosamund. Tolstoy: A Russian Life. Boston: Houghton Mifflin Harcourt, 2010.
Berlin, Isaiah. The Hedgehog and the Fox. New York: Simon & Schuster, 1953.
Bloom, Harold. Leo Tolstoy. New York: Chelsea House, 2003.
Berdyaev, Nikolai. The Origin of Russian Communism. Boston: Beacon Press, 1960.
Christian, R. F. Tolstoy's Diaries. Vol. 1: 1847-1894. London: Athlone Press, 1985.
Eikhenbaum, Boris. Tolstoy: The Man, His Works, and His Time. Princeton: Princeton University Press, 1981.
Felshtinsky, Georg. Leo Tolstoy and His Disciples. Boston: Little, Brown and Company, 1987.
Fokkema, Douwe. Literary History, Modernism, and

Postmodernism. Amsterdam: John Benjamins Publishing, 1984.

Gustafson, Richard F. Leo Tolstoy: Resident and Stranger. Princeton: Princeton University Press, 1986.

Jones, Malcolm V. Tolstoy and Britain. Oxford: Berg Publishers, 1995.

Kaufman, Andrew. Understanding Tolstoy. Columbus: The Ohio State University Press, 2011.

Medzhibovskaya, Inessa. Tolstoy and the Religious Culture of His Time. Lanham: Lexington Books, 2008.

Orwin, Donna T. Tolstoy's Art and Thought, 1847-1880. Princeton: Princeton University Press, 1993.

Perris, George Herbert. Leo Tolstoy: A Short Biography. London: Duckworth, 1902.

Rancour-Laferriere, Daniel. Tolstoy's Pierre Bezukhov: A Psychoanalytic Study. London: Routledge, 1990.

Rosen, Ralph. Tolstoy and Education. New York: Routledge, 2011.

Rowe, William W. Leo Tolstoy. Boston: Twayne Publishers, 1986.

Scanlan, James P. Tolstoy the Teacher: Moral Education in Russian Literature. Evanston: Northwestern University Press, 1999.

Slater, Ann Pasternak. Tolstoy on Aesthetics: Art, Beauty, and Perception. Oxford: Oxford University Press, 2001.

Troyat, Henri. Tolstoy. Translated by Nancy Amphoux. New York: Grove Press, 1967.

Wasiolek, Edward. Tolstoy's Major Fiction. Chicago: University of Chicago Press, 1978.

Wachtel, Andrew. An Obsession with History. Stanford: Stanford University Press, 1994.

Wilson, A. N. Tolstoy: A Biography. New York: Norton, 1988.

Young, Julian. The Philosophy of Tragedy. Cambridge: Cambridge University Press, 2013.

Zweig, Stefan. Balzac, Dickens, Dostoevsky. Translated by Eden and Cedar Paul. London: Viking Press, 1930.

Васильева, И. Н. «Толстой и русская действительность XIX века». В: Лев Толстой и его время. Москва: Наука, 1988.

Туровская, М. Ф. «Толстой и время». Москва: Наука, 1982.

Эйхенбаум, Б. М. Толстой в школе. Москва: Советская школа, 1989.

Толстой, Л. Н. Полное собрание сочинений. Т. 8. Москва: Художественная литература, 1994.

박선진

박선진은 러시아 상트페테르부르크국립대학교 러시아문학부에서 레오니트 안드레예프의 희곡에 나타난 범심론에 대한 연구로 석사 및 박사 학위를 받았으며, 현재 계명대학교 러시아중앙아시아학과에서 조교수로 재직 중이다. 외국어로서의 러시아어 능력 평가 시험인 토르플(TORFL: Test of Russian as a Foreign Language) 최고 단계인 4단계 보유자로, 현재 토르플 시험 감독관으로도 활동하고 있다. 우즈베키스탄 카몰리딘 베흐조드 국립예술디자인대학교 명예교수이며, DGIEA 한국·러시아협회 사무국장 등으로 활동 중이다. 레오니트 안드레예프의 희곡 ≪개의 왈츠≫, ≪생각≫, ≪에카테리나 이바노브나≫, ≪스토리친 교수≫와 레르몬토프의 ≪가면무도회≫를 번역·출간했으며, 주요 논문으로는 <레오니트 안드레예프 희곡의 공간>, <레오니트 안드레예프의 희곡에 나타난 지문 '침묵'의 기능 연구>, <레오니트 안드레예프의 창작에 나타난 초인 형상 연구> 등이 있다.

톨스토이 연구
― 삶과 죽음, 죄와 용서에 관한 이야기 ―

초판 1쇄 발행_2025년 6월 30일

저　　자 박선진
발 행 인 조용완
발　　행 도서출판 부귀영화
인　　쇄 (주)주손디엔피
출판등록 2020년 8월 18일 (제25100-2020-000012호)
주　　소 대구광역시 달서구 송현로30길 36-2(송현동)
전　　화 010-4951-9871
팩　　스 050-4009-9871
전자우편 comkidbaby@naver.com

ISBN 979-11-977472-6-7 (93890)
저자와의 협의로 인지를 생략합니다.

정가 15,000원